AI世代性平
傳播倫理

Gender Equity
in the Age of AI

◉作者—黃葳威
劉梅君
葉大華
丁雪茵
賴月蜜
王淑芬
張　立
楊海蘭
周佩虹
王己由
王若庭
楊可凡

國家圖書館出版品預行編目（CIP）資料

AI世代性平傳播倫理= Gender Equity in the Age of AI / 黃葳威, 劉梅君, 葉大華, 丁雪茵, 賴月蜜, 王淑芬, 張立, 楊海蘭, 周佩虹, 王己由, 王若庭, 楊可凡著. -- 初版. -- 新北市：揚智文化事業股份有限公司, 2025.01

面；　公分（新聞傳播叢書）

ISBN 978-986-298-440-6（平裝）

1.CST: 媒體倫理　2.CST: 新聞倫理　3.CST: 性別平等　4.CST: 文集

198.54183　　　　　　　　　　　　　　113020571

新聞傳播叢書

AI世代性平傳播倫理

作　　者／黃葳威、劉梅君、葉大華、丁雪茵、賴月蜜、王淑芬、張立、楊海蘭、周佩虹、王己由、王若庭、楊可凡
出　版　者／揚智文化事業股份有限公司
發　行　人／葉忠賢
總　編　輯／閻富萍
地　　址／新北市深坑區北深路三段258號8樓
電　　話／(02)8662-6826
傳　　真／(02)2664-7633
網　　址／http://www.ycrc.com.tw
E-mail　／service@ycrc.com.tw
ISBN　／978-986-298-440-6
初版一刷／2025年1月
定　　價／新台幣300元

＊本書如有缺頁、破損、裝訂錯誤，請寄回更換＊

序

　　"Put yourself in her shoes."二〇一五年時多位加拿大男士基於換位思考，穿著高跟鞋在一公里長的馬路上競走，目的是響應加拿大白絲帶運動（White Ribbon Campaign），終止對婦女性暴力運動。

　　加拿大白絲帶運動倡議者透過美國在臺協會，與在臺灣的白絲帶關懷協會（Cyberangel's Pick Association）聯絡，交流在美洲及亞洲推動終止性暴力的經驗。

　　無獨有偶，美國也有一個CyberAngel組織，其代言講師為唐納・萊斯（Donna Rice），這位代言講師曾在擔任模特兒時期，結識美國總統候選人蓋瑞・哈特（Gary Hart），這位總統候選人因與模特兒的性醜聞退出美國總統大選。

　　二〇〇三年，白絲帶工作站則與兒童局合辦第一屆數位創世紀國際研討會，邀請太平洋盆地周邊七國十三位致力推動網路色情防治、網路安全的學者專家，聚集國立編譯館（現改名國家教育研究院）國際會議廳舉行為期兩天的論壇，閉幕並由加拿大、新加坡、韓國、澳洲、香港、澳門、美國等公部門、私部門代表簽屬合作協定。隔年韓國便邀請亞太國家關心網路安全的夥伴定期開會交流。

　　二〇〇四年政大接受教育部資科司（當時電算中心）委託進行兒少上網行為長期觀察，數位傳播文化行動研究室也於政大公企中心成立，二〇二〇年轉型加入政大產創中心BIG團隊，更名為數位傳播文化行動實驗室，每年固定發表臺灣青少兒上網安全趨勢調

查。二〇二〇年開始執行教育部大學社會責任計畫，將美感素養納入調查，定期公布臺灣青少兒美感素養與上網趨勢調查。

二〇一〇年接受國家通訊傳播委員會委託執行「WIN網路單e窗口」跨部會計畫，二〇一三年八月轉型為「iWIN網路內容防護機構」，受理民眾申訴網路不當內容並分辨各相關權責公部門處理。

隨著數位科技日新月異，網路伴隨人類文明的進展，所衍生的風險除了網路色情、網友誘拐、網路霸凌、網路沉迷、網路性剝削、網路詐騙、網路綁架、網路侵權等現象，層出不窮。

政大實驗室與白絲帶關懷協會合作的臺灣青少兒上網趨勢調查，已經進行二十年長期觀察，每年接受政府委託或補助，以及關心上網安全的各校教師相助，得以完成全臺二十二縣市的調查，並搭配相關預防教育影片發表。

二〇一二年在當時政大校長支持下，於政大公企中心設置白絲帶家庭網安熱線，並招募志工進行教育訓練參與服務，接受社區家庭網安問題求助轉介；其間多借鏡榮民總醫院心理諮商師、臺灣師範大學特殊教育中心特教熱線經驗。

一路走來，或接受公部門補助，或私部門社會責任的響應，甚至有人打白絲帶家庭網安熱線，表示希望支持相關預防教育的推動。

二〇〇五年開始定期於每年五月、十月間，分別舉辦春季、秋季媒體天空領航員論壇，集結媒體主管與民間團體專家、學者，研商性平、兒少、族群議題報導倫理。

因應人工智慧AI的變革，當代社會進入人智協作共生的時代，AI世代面臨的科技與人文產生許多撞擊，AI世代媒體結合與AIGC協作的型態。本書分為觀念篇、實踐篇，先後討論AI世代性平發

展、立法、實踐、媒體報導、校園與職場性暴力，其中也納入筆者分析法院有關軍民性暴力、補習班師生性暴力事件，進行探討，希冀呈現AI世代人權議題、傳播倫理相關權益。

《AI世代性平傳播倫理》一書的完成，要感謝參與媒體天空領航員論壇的投稿人、論壇與談人：劉梅君教授、葉大華委員、丁雪茵主任、賴月蜜博士、王淑芬副執行長、張立總編輯、楊海蘭副總編輯、周佩虹副總、王己由主任、王若庭副總監、楊可凡行銷長，以及政大實驗室助理的校對，謝謝揚智文化公司閻富萍總編輯悉心編排校訂，本書得才得以順利出版。

本書付梓過程，社會在黃子佼性剝削爭議後，又出現麥當勞襄理性侵未成年工讀生、跆拳道教練性侵學員事件，期待如白絲帶運動主張的"Put yourself in her shoes."，人類社會進展仍賴換位思考，才得以推進文明的未來。

黃葳威 謹識
政治大學數位傳播文化行動實驗室／
USR-Hub數位韌性X美感素養社會責任計畫
2024年12月

作者簡介

黃葳威

現任
    政治大學廣播電視學系教授
    政大數位傳播文化行動實踐室執行長
    政大性別平等委員會委員
    白絲帶關懷協會執行長
    消費者文教基金會媒體組副召集人
    衛星公會新聞自律委員會／中視／壹電視倫理委員會主委、三立新聞臺公評人、年代／華視／TVBS／東森財經臺新聞倫理委員會委員、緯來戲劇臺／緯來綜合臺諮詢委員

學歷
    美國德州大學奧斯汀校區廣播電視電影所博士暨博士後研究
    臺灣大學管理學院EMBA
    國立臺北教育大學文教法所碩士

曾任
    政治大學廣播電視學系主任暨所長
    政治大學傳播學院政大之聲電臺臺長
    行政院跨部會iWIN網路內容防護機構執行長
    內政部、衛生福利部、臺北市、新北市兒童及少年福利權益委員會委員
    國家通訊傳播委員會衛星有線電視評議委員
    教育部媒體素養委員會社區傳播組召集人
    消費者文教基金會媒體組召集人

原住民文化事業基金會董事

教學專長

數位傳播與社區行動、閱聽人市場分析、文化與社會行銷

研究領域

數位傳播、閱聽人分析、跨文化族群傳播、社會行銷

劉梅君

現職

國立政治大學勞工所教授

經歷

國立政治大學勞工研究所所長（2021/08/01-2024/07/31）
國立政治大學勞工研究所代理所長（2014/12/19-2015/07/31）

學歷

美國南加州大學社會學系博士
國立政治大學新聞學系碩士
國立政治大學西洋語文學系學士

葉大華

現職

監察委員

經歷

總統府人權諮詢委員會委員
總統府國家年金改革委員會委員

行政院兒童及少年福利與權益推動小組委員
衛生福利部社會福利績效考核兒童及少年福利組考核委員
行政院社會福利推動委員會委員
教育部高級中等學校建教合作審議小組委員
教育部建教生申訴審議委員會委員
行政院環保署人權工作小組委員
國家通訊傳播委員會節目廣告諮詢委員會委員
臺灣少年權益與福利促進聯盟秘書長
財團法人勵馨社會福利事業基金會主任
臺灣社會福利總盟副理事長
中華民國衛星商業同業公會新聞諮詢委員會主委
十八歲公民權運動聯盟發起暨召集人
民間CRC監督聯盟發起暨召集人
立法院跨黨派「關注世代正義連線」發起人暨召集人

學歷

輔仁大學社會學系社會學學士
國立陽明大學衛生福利研究所公共衛生學碩士

丁雪茵

現職

國立清華大學幼兒教育學系副教授兼性/別教育發展中心主任

經歷

國立清華大學性別平等教育委員會委員
教育部第六屆性別平等教育委員會委員
國立新竹教育大學性別教育研究中心主任
國立新竹教育大學幼兒教育學系副教授
國立新竹師範學院幼兒教育學系講師、副教授

學歷
  美國伊利諾大學香檳分校課程與教學系哲學碩、博士
  臺灣大學社會學系學士

賴月蜜

現職
  國立臺灣師範大學社工系兼任副教授

經歷
  瑞典隆德大學社會工作學院兒童權益中心訪問學者
  英國牛津大學社會法律研究中心訪問學者
  慈濟大學社會工作學系副教授兼系主任
  臺灣師範大學社會工作研究所、臺灣大學社工系、慈濟大學兼任副教授
  文化大學社會福利學系助理教授
  師範大學社會教育學系社工組、臺北大學社會工作學系、實踐大學社工系、玉山神學院社會工作學系兼任助理教授。
  總統府司法改革國是會議委員
  司法院懲戒法院第2屆職務法庭參審員
  法務部人權工作小組委員
  司法院人權與兒少保護及性別友善委員會委員
  司法院精進法院家事調解業務2.0諮詢委員會委員
  士林地方法院性別友善工作小組委員
  行政院兒童及少年福利與權益推動小組第一屆委員
  臺灣社會工作教育學會秘書長、監事、常務理事
  兒童福利聯盟基金會董事、婦女新知基金會董事
  家事調解學會理事長、顧問、常務理事
  臺北市、新北市、花蓮縣、金門縣、宜蘭縣、新竹縣兒少福利促進委員會委員、新北市少年輔導委員會委員
  臺北市、花蓮縣家庭暴力暨性侵害防治委員會委員

作者簡介

花蓮地方法院檢察署犯罪被害人保護委員會委員、花蓮縣性騷擾申訴處理委員會委員、花蓮縣中途學校指導委員會委員、花蓮縣毒品危害防制中心諮詢委員
《中國時報》法務室研究員

學歷

國立暨南國際大學社會政策與社會工作學系博士
英國諾丁漢大學社會政策研究所碩士
文化大學兒童福利研究所碩士
臺灣大學法律系司法組

王淑芬

現職

勵馨基金會副執行長
臺北市政府性騷擾防治委員會委員
臺北市社會福利聯盟常務理事

經歷

臺北市政府女性權益促進委員會委員
基隆市政府性騷擾防治委員會委員
臺北市政府兒少福利委員會委員
新北市政府性騷擾防治委員會委員
新北市政府社會局社政顧問
臺灣少年權益與福利促進聯盟理事

學歷

東吳大學社會工作所碩士

專長

青少女懷孕／收出養服務議題

ix

兒少保護／兒少性剝削服務議題
性騷擾／性侵害／家暴服務議題
婦幼兒少保護性服務相關倡導

張立

現職

《聯合報》新聞網總編輯

經歷

《聯合報》編輯主任

學歷

南京大學社會學博士

楊海蘭

現職

風傳媒副總編輯

經歷

《中國時報》頭版主編
《自由時報》頭版編輯

學歷

國立政治大學企管所碩士
國立政治大學新聞所碩士

作者簡介

周佩虹

現職

　　ETtoday數位媒體業務副總

經歷

　　《自立晚報》、《蘋果日報》
　　三立電視、東森電視
　　ETtoday新聞雲資深副總編輯
　　基隆市長機要秘書

學歷

　　淡江大學大眾傳播系
　　政治大學傳播學院在職專班碩士

王己由

現職

　　《中國時報》社會組主任

經歷

　　《臺灣時報》社會組特派記者
　　《中國時報》社會組記者、撰述委員、召集人、副主任
　　世新大學新聞系兼任講師

學歷

　　文化大學新聞研究所碩士

王若庭

現職

　　三立新聞網副總監

經歷

　　政治記者（歷經陳水扁當選、政黨輪替、總統大選，隨行出訪非洲多國）
　　新聞主播（經歷331大地震當場臨危不亂即時繼續播報）
　　編輯臺主管（精通鏡面包裝 新聞專案包裝）
　　政論戶外開講舉辦從規劃到執行全方位
　　2022北市長辯論與TVBS合辦九合一大選整體規劃及開票作業
　　地震、風災、俄烏戰爭特報規劃
　　最佳員工三立菁英獎

學歷

　　國立政治大學廣播電視學系
　　北一女中

楊可凡

現職

　　民視電視公司行銷長

經歷

　　民視專案節目製作人
　　女性影展影片「早生貴子」製作人
　　中天新聞記者

學歷

　　國立政治大學廣播電視學研究所碩士

目　錄

序　i

觀念篇　1

Chapter 1　**AI世代性平實踐——從媒體監督軍民性暴力事件談起**／黃葳威　**3**

　　一、前言　4
　　二、性別角色與刻板印象　7
　　三、軍民性平暴力事件分析　16
　　四、結論與討論　21

Chapter 2　職場性平運動省思／劉梅君　27

　　一、臺灣性別平權運動成果顯著，但近來的民調也令人擔心　28
　　二、性別刻板印象及角色分工對女性的不利後果　31
　　三、職場中女性專屬的障礙與挑戰　34
　　四、結構性障礙的因應與突破　37
　　五、對女性職涯造成極大威脅的greedy jobs，對男性是兩面刃！　38
　　六、小結　39

AI世代性平傳播倫理

🌐 **Chapter 3** AI世代性平展望／葉大華 41

🌐 **Chapter 4** 兒少性別發展與媒體／丁雪茵 57

🌐 **Chapter 5** AI世代性平圖像／賴月蜜 63

🌐 **Chapter 6** AI世代性別圖像／王淑芬 69

 實務篇 77

🌐 **Chapter 7** 平等與媒介守門／張立 79

🌐 **Chapter 8** AI與新聞媒體／楊海蘭 85

🌐 **Chapter 9** 媒體與性別／周佩虹 91

🌐 **Chapter 10** AI世代性平新聞／王己由 97

🌐 **Chapter 11** 電視新聞的性別議題觀察／王若庭 105

　　一、新聞的性平概念概論 106

　　二、新聞的性平法規與自律守則 106

　　三、新聞倡議性平概念舉例 107

　　四、新聞監督公眾人物性平發言 109

　　五、檢視新聞畫面當中的性平元素 112

　　六、新聞的性平議題觀察小結 114

Chapter 12 時代所趨下的女力行銷與傳播／楊可凡 119

Chapter 13 補習班師生權勢性暴力／黃葳威 137

 一、前言 138

 二、性暴力特徵與樣態 139

 三、權勢性暴力 144

 四、臺灣法院補習班師生性暴力判決 146

 五、結論與討論 155

觀念篇

Chapter 1

AI世代性平實踐——
從媒體監督軍民性暴力事件談起

黃葳威

- 前言
- 性別角色與刻板印象
- 軍民性平暴力事件分析
- 結論與討論

一、前言

　　生成式人工智慧（AI）風潮來襲，民視二〇二三年推出AI主播播報氣象新聞掀起熱議。國家通訊傳播委員會（NCC）表示，民視AI主播只是一個「讀稿機」，不涉及產製新聞內容層面，但未來會將AI產製新聞納入管制，已擬定相關指引。

　　早在二〇二二年，美國人艾倫（Jason Allen）以作品《太空歌劇院》（Théâtre D'opéra Spatial）參加科羅拉多州博覽會（Colorado State Fair），在「數位操控攝像」類別擊敗其他二十位對手，抱走冠軍與三百美元獎金。

　　二〇二二年十一月三十日，OpenAI發布名為ChatGPT的自然語言生成式模型，這款文本的聊天機器人，以對話方式進行，用戶註冊並登入後可免費使用ChatGPT；設定對話條件後，即可回覆各式問題（包括編劇、文案寫作），甚至可撰寫論文。微軟加碼投資OpenAI，微軟宣布擴大ChatGPT存取權限，讓更多客戶申請使用新技術（林妤柔，2023）。

　　英國《衛報》報導（2022），《科學月刊》（Science）公布二〇二二年度十大科學突破評選，結果人工智慧生成內容（artificial intelligence-generated content, AIGC）榜上有名，引發各界關注。今後大眾將有機會友善運用AI作畫、AI作曲、AI寫作。AIGC場景下，類似文本、圖像、影音多模態生成方式逐漸形成，正改變著人與AI的共創生活。

　　一九五七年，美國賓州大學接受美國「國家心理衛生中心」

Chapter 1　AI世代性平實踐——從媒體監督軍民性暴力事件談起

（The National Institute of Mental Health）的委託，展開長達數十年的訊息系統分析（message system analysis），揭開涵化理論研究的序幕。葛本納（George Genbner）認為：「媒介的效果不在於會讓我們產生什麼樣的行為，還有他賦予各種事物的意義。所以我們要問的是，媒介訊息與系統如何影響大眾的意識。」葛本納的主要目的為，試圖找出電視和社會過程中的直接關係。意即：分析媒介訊息造成了什麼樣的「象徵環境」（黃葳威，2024）。涵化研究強調媒介的長期效果，意即在潛移默化之中建構社會現實的過程（Genbner & Gross, 1976）。

涵化來自媒介訊息、生活環境、人際關係的耳濡目染。生成式人工智慧的運用，也牽動人類提供那些資訊、經驗給AI大數據資料。

科技提升生活品質，誤用也可能導致危機四伏。如果沒有品管查核，生成式人工智慧協作的資料，如何建立正確可信度，善用負責任的AI，持續引發討論。

媒體、性別議題、公民權益是重要的三角關係，缺一不可。公民權益與相關立法需要靠媒體監督，媒體如何報導，也影響社會大眾如何看待性別平權的實踐。

一九九九年六月十九日臺北市立景美女中高中生，穿著高中制服在軍史館查作業資料，不幸被現役軍人性侵並殺害，和大雨中等在館外相約一小時見面的哥哥（CTWANT，2021），從此天人永隔。

哥哥報警前往找妹妹，軍方卻不讓警方入內找人，後來張同學被棄屍在板橋五權公園。經由傳播媒體鍥而不捨地追蹤報導，最後軍方交出兇手（雖然人被質疑是替代打手），同年六月三十日，當

時國防部唐飛部長親自到景美女中向師生致歉。學生僅回答：請給我們一個安全成長的環境（張其強、張白波，1999）。

二〇二三年五月十五日，新北市三峽地區女大生身著正常運動服與長褲，在僅隔一條平行大路的大觀路轉角，被年僅二十八歲休假住在鶯歌的空軍夏姓中士在巷子性猥褻。女大生被夏姓中士從背後熊抱、性猥褻後，女大生立即拿起手機拍攝、追趕犯案後逃逸的中華民國現役空軍，大喊「不要跑！」。夏姓中士逃到等在大觀路上接應的休旅車後座，車號被女生拍下，隨後報警（游承霖，2023）。

認真的媒體記者由北大學生留言版，看到提醒大觀路附近有色狼的女大生留言，聯絡三峽派出所、輾轉訪問同意受訪的女大生現身說明。五月十八日新聞披露後，夏姓中士帶著女友，透過三峽警方表達欲與女大生進行和解；同一階段，軍方先表示夏姓中士五月二十六日退役，形同「民人」；六月十三日軍方聯絡人又改口，表示夏男涉及多起軍中妨害性自主案件，加上三峽性猥褻女大生事件，已經遭軍方汰除（林良昇，2023），表示與軍方無關。

查詢司法院判決書系統有關軍中妨害性自主訴訟，同年有兩起軍中男女同事性侵害案件（臺灣新北地方法院111年度軍訴字第5號刑事判決、臺灣高等法院 112年度侵上訴字第148號刑事判決）。證實軍中聯絡人所言，空軍夏性中士係素行不良的慣犯為事實。

根據臺灣新北地方法院111年軍訴字第5號刑事判決紀錄：「被告夏念平與告訴人即代號AE000-A110417號（真實姓名年籍詳卷，下稱Ａ女）之成年女子為同事關係。被告於民國一一〇年六月十九日下午五時許，因修理之車輛在汽車修理廠，故委請Ａ女騎乘機車載其前往領車，而Ａ女遂先至被告當時位於新北市住處樓下等候，

Chapter 1　AI世代性平實踐──從媒體監督軍民性暴力事件談起

詎被告竟基於強制性交之犯意，刑事判決因妨害性自主案件，經檢察官提起公訴（111年度軍偵續字第1號）」。

　　由於申請軍中退役，至少要一至三個月以前，被軍方視為性暴力慣犯的二十八歲空軍夏姓中士，到底是由軍方放任退休，或軍方以汰除名義進行切割？重點是，軍方將類似的性暴力軍職人員切割，等於將一顆炸彈，丟回社會，置生活在軍方外部的社會大眾與軍眷之安危不顧！

　　政大實驗室白絲帶關懷協會偕同三位立法委員及勵馨基金會，六月十六日在立法院辦「性平軍紀 與時俱進」記者會，力促軍方正視軍民性平暴力衝突的持續發生，肩負改善性平預防教育、身心輔導的責任，不要將軍中的性平嫌疑犯／累犯，丟回社會了事！走筆至此，訴訟持續進行，離開軍中、已近三十歲的夏姓性猥褻犯隱藏於社會角落，企圖和解，但沒有對受害女大生表達歉意。

　　本文將先後從性別角色與刻板印象、臺灣軍民性平暴力事件報告陸續分析。

二、性別角色與刻板印象

　　每個社會所期待的性別角色不同，社會中的個人從小被制約而遵循男性或女性應有的規範，經由社會化的過程教導個人和其生理性別相符的性別角色。

　　在談到性別議題時，有幾個相關名詞須先界定。首先區分性別認同（gender identity）與性別角色（sex role）的概念；所謂性別認同是指身為生理男性或生理女性的自我觀念，係人類經由特定

文化價值最先學習的觀念,不同文化所賦與兩性的特質並不相同（Signorielli, 1993；黃葳威，2012）。

性別角色為性別認同的結果,即某些專屬於生理男性或生理女性的行為及行動（Durkin, 1985）。經由性別認同所呈現出的性別角色,會再度增強、區分男女不同地位的社會結構。

抱持某一性別優於另一性別的意識型態,便是性別主義（sexism）；雙性理論（androgyny）表示個人可同時男性化或女性化,富侵略性或溫柔善感端視情況而定（Hacker, 1974; Schaefer, 1984:417；黃葳威，2012）。換言之,性別主義以兩性之間不可改變的生理差異為論點,雙性理論主張兩性差異不大。

很顯然地,男女兩性有生理上的差別,其中社會文化的期待及所給予的機會亦不同,差別主要在於文化所造成的。

社會心理學對於「角色」的概念的看法有二：其一指個體在社會團體中被賦予的身分及該身分應發揮的功能；其二指個人角色所具有的行為組型。「角色」可分為「歸屬的」（ascribed）與獲致的（achieved）,前者係個人出生即決定的,後者則經由個人能力與表現而獲得。社會制度與團體對承擔某一角色的個人,常有一定角色期望（role-expectation）（張春興，1995）。所謂性別角色,不只是出生即確定的歸屬,更是屬於「獲致的」,深受社會規範及期待,在社會文化傳統中,眾所公認生理男性或生理女性應有的行為,經由行為組型來界定,包括其內在的態度、觀念,以及外顯的言行服裝。

個人成長社會化歷程會受到原生家庭、同儕、學校教育,以及媒體形塑的性別刻板印象的多重影響。當家長以霸權方式,暴力對待配偶,子女耳濡目染,所謂身教即為如此。如紀錄片中一些軍職

Chapter 1　AI世代性平實踐——從媒體監督軍民性暴力事件談起

人員為維護個人保國衛民的外在英勇形象，真實卻對妻小暴力相向，皆有前例。

或是青春期校園成長過程，浸潤於格鬥式遊戲或相關以搏擊為樂的拳擊活動，可能自視為「搏擊小霸王」、「拳擊小子」，卻虛實不分，或不分對象都以暴力相向，未經疏導，這樣就像帶著手榴彈的暴力分子，遊走於軍隊或社會，國家安全與社會成員安全，令人堪慮。

以下將分別從社會心理學、社會學、心理分析、意識形態觀點討論。

(一)社會心理學觀點

社會心理學者認為，刻板印象是一種基本的認知過程，人們經由這個過程來認識世界。刻板印象為一種心理的機制，與類別的形成有關，這種機制協助人們運作由所處環境所獲得的資料；刻板印象如同「腦海中的圖畫」（pictures in our heads）（Lippmann, 1922；黃葳威，2012）。

由於人們往往將一般歸類的方式誤用為對某些族群的成見，因此，若能檢視刻板印象從不帶價值判斷到帶有價值判斷的過程，將有助於對刻板印象的瞭解。我們必須檢視一個強勢團體如何將一些選擇性的特質，加諸在其他族群身上，包括在社會、文化、政治、性別、種族、階級、族裔等不同族群團體，這種以自我種族為中心的方式，將不斷強調團體與族群間的差異（Schaefer, 1990）。

審視刻板印象形成的過程，有三點須留意（Lippmann, 1922:16）：

1. 行動的場景（the scene of the action）：即構成刻板印象的基礎，如具體的、有事實依據的真實。
2. 所描繪的場景（the human picture of that scene）：即所建構的刻板印象。
3. 對所描繪的行動場景的反應（the human response to that picture working itself out upon the scene of action）：人們如何處理刻板印象？刻板印象如何影響人們的生活？

　　刻板印象在日常生活上往往表示過度簡化、負面的、片面的、不完全的。刻板印象是一團體（內團體）對其他團體（外團體）成員的普遍化概論，而這種概論絕不是正面的評斷。刻板印象的歸類方式受到許多因素的影響，其中一個重要因素是以種族為中心的偏見，一個內團體如何簡化外團體的少數特徵，以強化不同族群團體的差異（Wilson & Gutierrez, 1985）。內團體便將一些外團體的負面價值的差異，用來作為比自己低等或截然有別的基礎。

　　刻板印象依循著一套全有或全無的邏輯，將外團體成員一律放置於刻板的歸類。更嚴重的是，存有刻板印象的人不認為刻板印象只是抽象概念或認知的歸類，而以為刻板印象便是真實的。

　　例如：上網成為日常，透過網路社群平臺可以與人互動交流。人工智慧大數據的推波助瀾下，一旦瀏覽或點選特定訊息，網路會持續推播相似訊息給使用者，網友沉溺持續的訊息或短影音，渾然而不自知。同溫層未必限於網友，也包括網路推播的內容。閱聽人長期浸潤特定偏頗的訊息，習慣成自然，令人憂心。

Chapter 1　AI世代性平實踐──從媒體監督軍民性暴力事件談起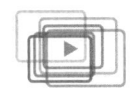

(二)社會學觀點

從社會學觀點來看，刻板印象是由我們的文化影響所形成的既有歸類。當我們愈趨向社會化，便會學習這種歸類模式（Braithwaite & Thompson, 1999）。學者李普曼說（Lippmann, 1922: 81）：「身處熙熙攘攘的外在世界，我們附會所屬文化早為我們界定的內容，也按照文化中的刻板印象模式察覺事物。」

類似刻板印象有兩項特性（Hummert, Garstka, Shaner & Strahm, 1994）：

1. 惡性循環（vicious circle）：當人們表達學習而來的刻板印象，同時也強化、確認這些印象，並長久保留這些印象。
2. 經由確認、堅固成為習俗，形成對待各種族群及其成員的方式。

刻板印象不僅維持類別的標籤，也如同「行動的程式」（program for action）（Triandis, 1979:197）。

功能論角度觀察，性別區分造成社會穩定，男女分工，各司其職，家庭功能得以有效發揮（Schaefer, 1990）。然而，對於某些不符合傳統性別角色的個人可能形成限制，社會也不能讓這些成員人盡其才，發揮最佳的才能。

衝突論的觀點主張，男性在未工業化時代，因生理優異及免於生育的自由，得以在物質上主導女性（Schaefer, 1990），目前這種顧慮已不再重要，但長久建立的性別文化一時無法去除。

功能論與衝突論者均認為，非經由社會文化的激烈變動，性別

角色無法改變。功能論者以為，若所有傳統的性別區分均被更動，可能導致社會不安或其他不可預知的結果；衝突論的看法則是，若一社會架構須靠壓迫某一多數族群才得以維繫，這一社會架構並非理想方式，仍會變動。

(三)心理分析觀點

傳播學者柏格（Berg, 1989）還由心理分析的觀點審視刻板印象，他認為刻板印象如同佛洛伊德所提出的陽具崇拜——刻板印象是人們將事物合理化的一種防衛機制；陽具崇拜既否認女性欠缺陽具的事實，卻擔心可能被去勢的威脅。

柏格將正面的刻板印象，視為社會他群對性別威脅的反應。這種對性別的合理化，更強調了他群的主要差異。

拉康（Lacan, 1978）從語言學觀點，結合了語言、心理分析與社會化的論點，提出孩童發展過程中的鏡子階段（mirror stage）。鏡子階段發生在孩童六個月到十八個月大，這一階段孩童對事物的認識由想像進入符號象徵化。

當成長進入了鏡子階段，戀母情結與語言學習同時展開，符號象徵化的同時也需接受獨立的事實。拉康以為，刻板印象不僅是將他群與自我的特質反面、對立化，也在於所使用語言、語言次序的定義。因而，主體與他群基本上相互依賴、不可分離。主體終其一生在追尋統一的自我，當然這是不可能達成的。在符號象徵化階段，主體處於渴望（想像的完全）與缺乏（痛苦地發現不可能找到統一的自我）的兩極。

拉康認為，無意識的部分形同語言，而文本如同人格化的美女

Chapter 1　AI世代性平實踐——從媒體監督軍民性暴力事件談起

（psyche）。這使得心理分析學者有一個合理化的解釋——分析文本而不需個人（作者、角色或讀者）。

佛洛伊德將無意識視為一種漩渦的驅使，拉康則將無意識界定為一種有組織、顛覆的趨力。拉康以為無意識有其邏輯上的結構、操作性，而且無意識便是不斷質疑主體，使原本受主體符號壓制的渴望得以復甦。因為意識會不斷提醒主體在想像時期的渴望，以及在符號化階段無法達成的痛苦。受到壓抑的渴望會來回於無意識，但渴望與壓抑將永遠存留。

無意識、渴望、壓抑等為生活中不可或缺的事實。主體永無止境地在不同的符號中遊移，尋找完全的理想。學者柏格主張，刻板印象便可藉拉康的符號象徵化次序觀察，刻板印象如同一組符碼，主體由刻板印象中尋找想像完成的理想。

(四)意識型態觀點

從意識型態層面分析刻板印象，刻板印象如同主流價值觀的負面鏡（Berg, 1989）。刻板印象反映霸權，即強勢團體為保持其主導地位，而採取的狡猾、看似自然的方式。因此，刻板印象如同強勢意識型態的工具，傳播媒體所呈現的刻板印象，將強勢團體刻畫為與生俱來擁有權力，而其餘邊緣團體則自然成為權力被剝奪的一群。

學者戴爾（Dyer, 1984）指出，強勢團體往往藉由刻板印象企圖「使刻板印象成為社會的風俗，且按照強勢團體的世界觀、價值體系、敏感度及意識型態。」（Dyer, 1984:30）戴爾由霸權角度說明刻板印象的兩個主要特質：種族自我中心主義，以及信奉與生俱來

不可改變的心理特徵。然而，霸權本身不是固定不改變的，而是活動的，「需要繼續建造且經過內部、外部的挑戰洗禮而再重建。」（Dyer, 1984:30）這些挑戰包括來自附屬團體次文化的挑戰。

　　阿圖塞將意識型態看為一種生活經驗，這種經驗提供了主體自我界定的方法，如同個人與生活環境相互依存的合約。刻板印象所創造的他群，可讓強勢團體藉而建構、維持其認同，刻板印象在其中扮演了結合的角色。因此，刻板印象是在經濟、政治、社會等因素中，協助形塑主體的世界觀。刻板印象不僅協助主體解釋、建構及界定世界，也讓主體得知所屬的位置。

　　女性主義近期文獻則開始審視女性在父權論述中的位置——極端的負面。其中有一些女性主義批判研究重視窺視的影響，分析文本與閱聽人的關係。如有關窺淫狂（voyeurism）與戀物（女性衣物）癖（fetishism）的研究（Mulvey, 1985）。

　　女性主義者毛葳（Mulvey, 1985:804；黃葳威，2012）結合心理分析、意識型態與女性主義的觀點指出：「女性處於父權文化中如同男性他群的指稱物，經由符號象徵化次序的包裝，使得男性得以捱過幻想與欲望，女性被賦予的形象成為意義的承載者，卻非意義的創造者。」

　　毛葳認為，媒體中女性的刻板印象提供男性窺視的愉悅感，鏡頭螢幕也如同一面鏡子，可重新激起觀賞者在鏡子階段的記憶。螢幕上、鏡子內、觀賞者同時喪失了本我也補償了本我。類似的功能不只受限於女性題材，也包括異文化、不同族裔的議題。

Chapter 1　AI世代性平實踐——從媒體監督軍民性暴力事件談起

(五)實證研究

　　研究指出，攻擊行為在男女天性上可能稍有不同，但若提供女性合理的攻擊機會，具有傳統性別刻板印象的女性會較不傳統的女性，攻擊行為增多。而就探索行為來看，男女兩性在小時候，其實是具有相同程度的自信、好奇心與探索外界的行為，且受人影響的程度也相同，一直到高中之後差異才漸明顯，可見社會化的影響是促使性別差異日漸擴大的原因（陳皎眉、江漢聲、陳惠馨，1996）。

　　現今社會出色的女性工作者愈來愈多，許多男性也打著「新好男人」的旗幟，但是卻是將父權思想以糖衣包裝之後，藉由一種更隱晦不明的曖昧方式，使現代的女性更難以察覺及反抗。如「洗潔精」廣告中，丈夫想要體貼妻子，給她一個驚喜，於是幫忙洗衣服，妻子發現之後滿心歡喜。這支廣告暗示了「丈夫洗衣服」不是家庭的常態，所以男性偶爾做家事，是一種對女性來說的「恩惠」，所以女性的驚奇其實更內化了父權文化的迷思（林秀芬，2000）。

　　以臺灣幼教頻道為例，其打著服務兒少的定位，假設兒少在親子共視環境，逐漸播出一些成人產品與服務的內容，幼教頻道播出女性內衣、美容保養、瘦身產品廣告已司空見慣。其他非幼教頻道雖然也播出前述內容，一般人印象以為讓學童觀賞幼教頻道內容不用太擔心，卻不知幼教頻道的廣告時段已經相當成人化。

　　針對日治時期的廣告研究，女性形象常被設計為廣告訴求，廣告宣傳以女性身材作為視覺的焦點，反映當時社會的文化現象或價

值觀，廣告中性別角色呈現傳遞社會的性別刻板印象（陳燕蓉，2010）。

　　瘦身廣告業塑造女性對自己體態的觀感，提醒她們對標準身材的期望，並加深無法到達這種標準的焦慮，這些美容瘦身廣告將女人的身體商品化，女性是男性欲求的「性」對象，例如「女人話題」的一支廣告，女性主管淋浴的鏡頭，代表不分階級地位，（低階）男性對於（高階）女性普遍存有的性幻想，而廣告中的女性位居高位充滿自信，並瞭解傲人的身材是男性下屬討論的對象。但矛盾的是，女性旁白中隱藏了相當程度的焦慮及不安，因此廣告雖然試圖採用女性意識素材，以迎合女性消費者，卻經由男性凝視的手法，更鞏固男女不等的地位（孫秀蕙，1996）。這類的廣告一再強勢播放，容易讓辨別力有限的學童以為這些迷思不是刻板印象，而是真理，於是導致女性學童繼續在父權規範下受宰制。

　　除了「外貌協會」的刻板印象，出現於動漫或偶像劇的伴遊、契約親密關係，類似少數現象或創作思維的生活關係，對閱聽人的自我形象、或價值觀形成影響，這部分有待後續檢視。本文將聚焦媒體成為監督力量的角色與影響。

三、軍民性平暴力事件分析

　　根據政大實驗室與白絲帶關懷協會公布的「二〇二三臺灣軍民性平暴力事件調查報告」，二〇〇四至二〇二三年間，除私下和解的撤銷法院訴訟案件外，軍職人員經由法院判決涉及性侵害、性猥褻、性騷擾、性剝削的事件達六十三件。其中以妨害性自主最

Chapter 1　AI世代性平實踐──從媒體監督軍民性暴力事件談起

高，達42%；其次是侵權損害賠償（28%）、妨害自由（12%），再者包括違反《兒童及少年性剝削防制條例》（6%）、妨害風化（3%）、違反《陸海空軍刑法》等（3%）、違反《身心障礙權益保障法》（2%）、駁回（2%）、履行契約（2%）、妨害兵役（2%）等。

表一　六十二件軍人性騷擾、性剝削、性猥褻、性侵害訴訟案涉及觸法類別

妨害性自主	42%
侵權損害賠償	28%
妨害自由	12%
違反《兒童及少年性剝削防制條例》	6%
妨害風化	3%
違反《陸海空軍刑法》等	3%
違反《身心障礙權益保障法》	2%
駁回	2%
履行契約	2%
妨害兵役	2%

依據《刑法》第224條：強制猥褻罪之「猥褻」，行為人出於猥褻之犯意，所為行為在客觀上須足以引起他人性慾，在主觀上須足以滿足自己情慾，而侵害他人之性自主決定之權利，並未設限於猥褻之身體部位為何。

二〇〇四年迄今，軍人涉及猥褻事件有四十件，其中近五成為妨害性自主，其次侵權損害賠償、妨害自由各占有五件（五件妨害自由中有四件為仙人跳），違反《兒童及少年性剝削防制條例》有四件，妨害風化、違反《陸海空軍刑法》等各有兩件，違反《身心障礙權益保障法》或駁回各有一件。

表二　三十八件軍人性猥褻訴訟案涉及觸法類別

妨害性自主	18
侵權損害賠償	5
妨害自由	5
違反《兒童及少年性剝削防制條例》	4
妨害風化	2
違反《陸海空軍刑法》等	2
違反《身心障礙權益保障法》	1
駁回	1

　　衛生福利部界定（保護服務司／心理健康司，2014）：性侵害不是性，是暴力，是粗暴的侵害，是未經允許的性行為。任何沒有經過當事人同意，以強暴、脅迫、恐嚇、催眠術或其他違反當事人意願的方法而發生性行為者，都算是性侵害。只要不是願意讓他人碰觸或觸摸身體的任何部位，且碰觸程度達猥褻之行為者，也算性侵害。

　　自二〇一一年迄今，軍人被法院審理的性侵害判決訴訟有三十二件，以妨害性自主最高（二十一件），其次為損害賠償（八件），再者涉及《兒童及少年性剝削防制條例》、償還犯罪被害補償金、妨礙兵役等各有一件。

表三　三十二件軍人性侵害訴訟案涉及觸法類別

妨害性自主	21
侵權損害賠償	8
違反《兒童及少年性剝削防制條例》	1
償還犯罪被害補償金	1
妨礙兵役	1

Chapter 1　AI世代性平實踐——從媒體監督軍民性暴力事件談起

《性騷擾防治法》第二條：

本法所稱性騷擾，指性侵害犯罪以外，對他人實施違反其意願而與性或性別有關之行為，且有下列情形之一：

一、以明示或暗示之方式，或以歧視、侮辱之言行，或以他法，而有損害他人人格尊嚴，或造成使人心生畏怖、感受敵意或冒犯之情境，或不當影響其工作、教育、訓練、服務、計畫、活動或正常生活之進行。

二、以該他人順服或拒絕該行為，作為自己或他人獲得、喪失或減損其學習、工作、訓練、服務、計畫、活動有關權益之條件。

二〇〇六年迄今，軍人被法院審理的性騷擾判決訴訟有十四件，以損害賠償（九件）最高，其次為妨害性自主（三件），再者涉及妨害自由、履行契約等各有一件。

表四　十四件軍人性騷擾訴訟案涉及觸法類別

侵權損害賠償	9
妨害性自主	3
妨害自由	1
履行契約	1

《兒童及少年性剝削防制條例》第二條：

本條例所稱兒童或少年性剝削，指下列行為之一者：

一、使兒童或少年為有對價之性交或猥褻行為。

二、利用兒童或少年為性交或猥褻之行為，以供人觀覽。

三、拍攝、製造、散布、播送、交付、公然陳列或販賣兒童或少年之性影像、與性相關而客觀上足以引起性慾或羞

恥之圖畫、語音或其他物品。

四、使兒童或少年坐檯陪酒或涉及色情之伴遊、伴唱、伴舞或其他類似行為。

軍人涉及性剝削的案件在二〇一七年起已達九件，為近六年出現幅度最高。軍人被法院審理的違反《兒童及少年性剝削防制條例》有四件（《兒童及少年性交易防制條例》兩件），其次為妨害性自主兩件，再者損害賠償、違反《陸海空軍刑法》等、償還犯罪被害補償金，各有一件。

表五　九件軍人性剝削訴訟案涉及觸法類別

違反《兒童及少年性剝削防制條例》	4
妨害性自主	2
違反《陸海空軍刑法》等	1
損害賠償	1
償還犯罪被害補償金	1

由社會心理、社會學、心理學、心理分析、意識型態等層面審視刻板印象，可以獲知，刻板印象存在於強勢團體對弱勢團體的看法，也存在於強勢團體對自己的認知（通常偏向正面），弱勢團體對本身與對強勢團體的印象。

不可否認，刻板印象是一種誇張的擬化現象，普存於世界各族群。引起刻板印象的成因，大致有三方面（Schaefer, 1984:65-67；黃葳威，1999）：

1.由少數事實推得的錯誤概化。
2.自我預言的實現：弱勢團體接受強勢團體所予自己的刻板印象，並且順從這個刻板印象，甚至忽略了不符合刻板印象的

Chapter 1 AI世代性平實踐——從媒體監督軍民性暴力事件談起

證據。

3. 弱勢團體在媒體上的呈現，往往強化了刻板印象。

軍人常常在急難救助或天災現場發揮重建的正向力量。如果忽視軍人在封閉環境的身心健康，軍隊被英雄、強者、軍力的強勢魔咒主導，類似強者、保衛、擒拿非我群類的刻板印象，是否引發軍民性別關係、甚至社會安全的挑戰？臺灣軍民性平暴力事件調查數據，涉及妨害性自主，多以和解賠償了結居多。尤其立法委員公開質疑軍中性平糾紛的黑數疑慮（林良昇，2023），值得省思。

四、結論與討論

一九七九年，聯合國通過《消除對婦女一切形式歧視公約》（The Convention on the Elimination of all Forms of Discrimination Against Women, CEDAW），一九八一年九月起生效。公約保障婦女在政治、法律、工作、教育、醫療服務、商業活動和家庭關係等各方面的權利。公約成員國須承諾履行一系列的措施，中止一切形式對婦女的歧視，包括：確保當地法制男女平等，設立機構有效保障婦女免受歧視，消除個人、組織、企業對婦女一切形式歧視。

法國社會學者布迪厄提出慣習（habitus），是「持續的、可改變的傾向（dispositions）系統，是結構化了的結構（structured structures），往往作為結構化其他事物的結構（structuring structures），也就是生成和結構實踐的原則」（Bourdieu 1977:72）。習癖非基於理性，與無意識或非反身性的活動密切相關。

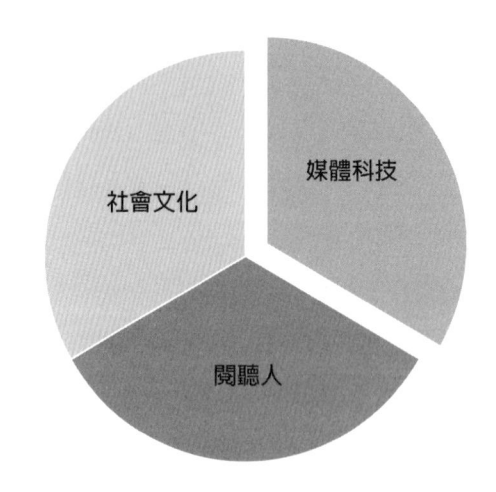

图一　閱聽人、媒體科技、社會文化互為主體

　　當打卡、網美的性別形象刻板化，性別親密關係的享樂化、隨興化或刺激扭曲化，我們會訓練出何種人工智慧？

　　如果需要負責任的AI，媒體自律及發揮監督公共利益的社會責任，不容取代。千萬不要讓媒體成為投特定權力主體所好的發聲管道。

　　另一方面，閱聽社群代表與媒體從業人員的溝通，交流彼此的盲點，也有助於兼顧新聞自由、媒體品質，以及社會責任。

　　參考布狄厄觀點，不論社會結構、媒體結構、刻板印象都是一種慣習系統。面對生成式人工智慧的演進，如何在媒體訊息、社會結構、閱聽人的三角關係中，掌握閱聽人的能動性（agency），或許不失為因應科技與訊息迅速擴散堆疊的法門。

Chapter 1　AI世代性平實踐──從媒體監督軍民性暴力事件談起

參考書目

林秀芬（2000）。《國小學童對電視廣告中意識型態的解讀──以性別刻板印象為例》。新竹市：國立新竹師範學院國民教育研究所碩士論文。

林良昇（2023/6/16）。〈空軍中士熊抱襲胸女大生，國軍一句「已汰除犯案軍人」就想切割？立委促建第三方調查機制〉，《Yahoo！新聞》，2024/6/1取材自https://tw.news.yahoo.com/%E7%A9%BA%E8%BB%8D%E4%B8%AD%E5%A3%AB%E7%86%8A%E6%8A%B1%E8%A5%B2%E8%83%B8%E5%A5%B3%E5%A4%A7%E7%94%9F-%E5%9C%8B%E8%BB%8D-%E5%8F%A5-%E5%B7%B2%E6%B1%B0%E9%99%A4%E7%8A%AF%E6%A1%88%E8%BB%8D%E4%BA%BA-%E5%B0%B1%E6%83%B3%E5%88%87%E5%89%B2-015807418.html

林妤柔（2023/1/17）。〈傳加碼投資OpenAI，微軟宣布擴大ChatGPT存取權限〉，《科技新報》，2024/1/19取材自https://technews.tw/2023/01/17/azure-openai-chatgpt/

孫秀蕙（1996）。〈解讀美容瘦身廣告──以閱聽人分析為主的個案探討〉，《臺灣社會研究季刊》，第23期，頁219-253。

張其強、張白波（1999/6/30）。「唐飛部長赴景美女中向師生道歉」，《華視》，取材自https://news.cts.com.tw/cts/society/199906/199906300029297.html

張春興（1995）。《心理學辭典》。臺北：東華書局。

黃葳威（2024）。〈滴水穿石？從媒體長期效果看涵化理論〉，《傳播理論》，郭貞主編，頁171至212，新北市：揚智。

黃葳威（2012）。《數位時代資訊素養》，新北市：威仕曼。

陳皎眉、江漢聲、陳惠馨（1996）。《兩性關係》。臺北：國立空中大學出版。

陳燕蓉（2010）。《日治時期廣告中的女性圖像分析——以《臺灣日日新報》為分析場域》。國立政治大學廣告研究所碩士論文。

游承霖（2023/5/17）。「空軍現役軍人熊抱襲胸女大生！鬼扯「認成女朋友」 空軍司令部回應了」，《三立新聞網》，取材自https://webtest2.sanlih.com.tw/News.aspx?NewsID=1296551

臺灣新北地方法院111年度軍訴字第5號刑事判決。

臺灣高等法院112年度侵上訴字第148號刑事判決。

衛生福利部保護服務司／心理健康司（2014/2/5）。「性侵害防治」，2023/6/14取材自https://www.mohw.gov.tw/cp-88-234-1.html

Berg, C. R. (1989). "Stereotyping in films in general and of the Hispanic in Particular". paper presented at the 39th Annual Conference of International Communication Association, May 25-29, San Francisco, CA.

Bourdieu, P. (1977). *Outline of a Theory of Practice* (R. Nice, Trans.). Cambridge: Cambridge University Press.

Braithwaite, D. O. & Thompson, T. L. (1999). *Handbook of Communication and People with Disabilities: Research and Application*. Mahwah, NJ: Lawrence Erlbaum.

CTWANT (2021/7/30)。〈軍史館女學生失蹤奇案！辱屍士兵自白曝3疑點 真兇恐仍逍遙法外〉，《ETtoday新聞雲》，2024/6/1取材自https://www.ettoday.net/news/20210730/2043497.htm

Durkin, K. (1985). *Television, Sex Roles and Children: A Developmenmtal Social Psychological Account*. Philadelphia: Open University Press.

Dyer, R. (1984). "Stereotyping." in R. Dyer (ed.), *Gays and Film*, New York: New York Zoetrope.

Ellmann, M. (1968). *Thinking About Women*, New York: Harcourt, Brace, & World,Inc.

Gerbner, G. & Gross. L. (1976). Living with television: the violence profile. *Journal of Communication*, *26*(2),173-179.

Chapter 1　AI世代性平實踐──從媒體監督軍民性暴力事件談起

Hacker, H. M. (1974). "Women as minority group: twenty years later." In Florence Denmark. (ed.), *Who Discriminates Against Women*, pp.124-134. Breverly Hills, CA: Sage.

Hummert, M. L., Garstka, T. A., Shaner, J. L. & Strahm, S. (1994). Stereotypes of the elderly held by young, middle-aged, and elderly adults. *Journal of Applied Gerontology, 49*(5), 240-249.

Lacan, J. (1978). *The Four Fundamental Concepts of Psycho-Analysis*. New York: W. W. Norton & Co.

Lippmann, W. (1922). *Public Opinion*, pp.16, 81. New York: Macmillan.

Mulvey, L. (1985). "Visual Pleasure and Narrative Cinema", in G. Mast & M. Cohen (eds.), *Film Theory and Criticism: Introductory Readings*, 3rd ed., p.804. New York: Oxford UP.

Schaefer, Richard T. (1984). *Racial and Ethnic Groups*, 2nd ed., pp.55, 65-67. Boston: Little Brown and Company.

Schaefer, R. T. (1990). *Racial and Ethnic Groups*, 4th edition. Boston: Little, Brown and Company.

Signorielli, N. (1993). Television and stereotype. In J. Van Evra (ed.), *Television and Children Development*. Hillsdale, NJ: Lawrence Erlbaum.

The Guardian (2022/12/18). "The 10 biggest science stories of 2022", https://www.theguardian.com/science/2022/dec/18/the-10-biggest-science-stories-of-2022-chosen-by-scientists

Triandis, H. C. (1979). Values, attitudes, and interpersonal behavior. *Nebraska Symposium on Motivation*, pp.195-259.

Wilson, C. C. & Gutierrez, F. (1985). *Minorities and Media*. Beverly Hills: Sage.

Chapter 2

職場性平運動省思

劉梅君

- 臺灣性別平權運動成果顯著,但近來的民調也令人擔心
- 性別刻板印象及角色分工對女性的不利後果
- 職場中女性專屬的障礙與挑戰
- 結構性障礙的因應與突破
- 對女性職涯造成極大威脅的greedy jobs,對男性是兩面刃!
- 小結

一、臺灣性別平權運動成果顯著，但近來的民調也令人擔心

　　國際社會正式以性別主流化為名，來推動性別平權的目標，已將近三十年，臺灣亦然！若再加上民間婦女團體及性別平權運動者的努力，則這段歷史已逾四十年，成果豐碩：《性侵害犯罪防治法》、《家庭暴力防治法》、《性別平等工作法》、《性別平等教育法》、《性騷擾防治法》、《跟蹤騷擾防治法》及《消除對婦女一切形式歧視公約施行法》等重要性別立法一一到位，在認知及態度上也有明顯的改變，父權性別規範已鬆動許多，例如婚姻觀念、同性戀議題、跨性別議題等愈來愈開放與接納，特別是愈年輕世代及學歷愈高者，性別觀念愈開放，愈遠離傳統的性別規範。

　　然而根據行政院性別平等處二○二四年剛剛出爐的性別平等觀念民意調查，其中一項性別觀念卻是令人驚訝，這個問題是「當家中有嬰幼兒需要照顧時，女性比男性更適合照顧」，同意的比例竟高達56.4%，這其中年紀愈大，同意的比例愈高不令人意外，然而二十至二十九歲的年輕世代，竟也有34.8%的人認同這個觀念！再細究這56.4%同意者原因時，高達84.5的人認為「女性天生比較會照顧」，這明顯呈現女性主義者多年來大力批判的認知，那就是長期以來父權社會將女性「本質化」的遺緒仍存，且這56.4%的人中有39%的人認同男性負責賺錢，女性負責照顧孩童及家人的性別家務分工！換言之，家務分工不平等顯然頑固難除，雖然已遭年輕世代女性的拒斥，但在男性群體中的改變卻如牛步，行為層面上特別是如此，以

Chapter 2　職場性平運動省思

臺灣中研院一九九九至二○二○年「家庭動態調查」調查顯示，作為當今主流的雙薪家庭，夫妻的家務分工情況，無論是年長或年輕世代的已婚男性，每周的家務時間幾乎沒有差異（圖一）。

這種情況並非臺灣獨有，美國的狀況其實好不到哪兒去。根據美國研究機構皮尤組織（Pew Research Center）二○二三年一月公布的調查結果顯示，婚姻觀念是日益平等了，但該平等卻不及於家務分工。夫妻均有工作的家務分工情況是，當夫妻收入相同（約三成家庭是如此），丈夫每周休閒時間比妻子多3.5小時，妻子用於照顧及家事時間就是比丈夫多了4.5小時；第二種情況是，即使妻子比丈夫多賺六成以上，是主要養家者，但丈夫休閒時間卻比夫妻收入一樣者，有更多的休閒時間，而妻子投入照顧及家務的時間仍比丈夫多了3.5小時；當妻子是唯一養家者（僅6%）時，丈夫的照顧及家事時間才會增加，但即便如此，夫妻每周做家事的時間也近乎一樣。這項研究發現很明顯指出，家務分工的平等，將是性別平權運動中挑戰最大且最核心的挑戰。

我們再來看國際研究機構（Glocalities）一項涵蓋二○一四至二○二三的民調顯示[1]，年輕女性關心的是性騷擾、家暴、虐童（包括兒童疏忽）、精神健康問題，但男性在意的卻是社會及經濟地位、競爭、勇敢及榮譽這類父權文化下對男性形象與角色的典型期待，換言之，這項研究對過去五十年國際社會的性別平權行動與努力無疑是很大的重挫，因為當今男性趨於保守且在行為層面上所展現的

---

[1] 請見Glocalities網頁，報告主題：Growing Despair and Polarization Between Young Women & Men Impacts Elections-Liberalism among young women accelerated, but young men have stagnated in this regard，連結https://glocalities.com/reports/trend-report-polarization。

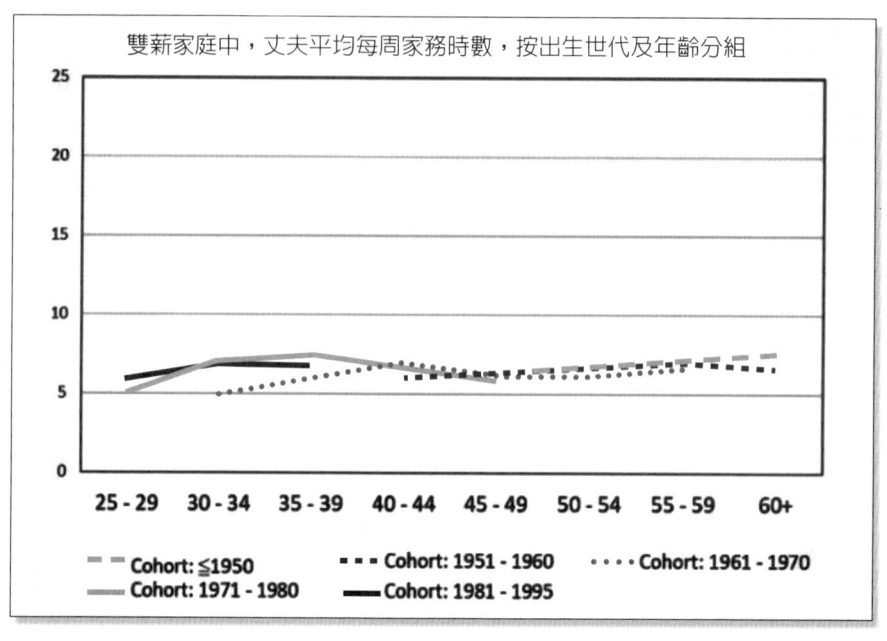

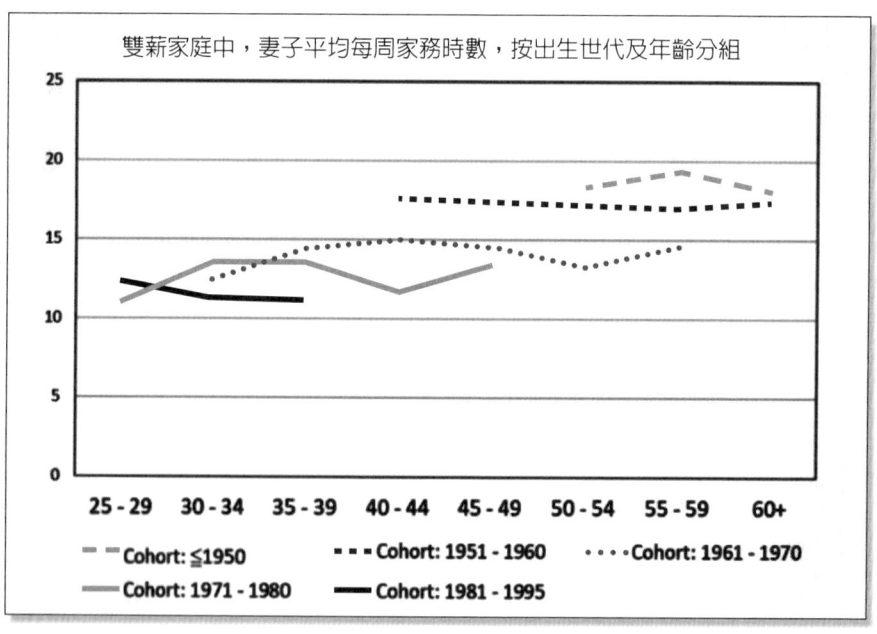

圖一 雙薪家庭中夫妻每周家務時數統計

資料來源：王文心（2023/9/25），〈豬隊友或神隊友的世代變化－「家庭動態調查」追蹤資料初探〉，調查研究專題中心。

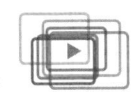

父權傾向並無趨弱！然而時代變遷已走向不再崇尚陽剛體力的勞動力市場時，男性頓失展現傳統父權價值下的男子氣概時，強烈的失落感及意義感，總要有發洩出口，或者自殺或者殺人，以前者而言，全美男性自殺率是女性的四倍，事實上自殺是全美第十一大死因，但卻是十至十四及二十五至三十四這兩個年輕群體的第二大死因；十五至二十四歲的第三大死因；三十五至四十四歲的第五大死因；以後者而言，根據聯合國毒品及犯罪局的統計[2]，二〇二〇年死於親密伴侶或家人之手的被害人中，女性占了六成。也因此Richard C. Reeves[3]對此發展憂心不已，而呼籲當代社會要趕緊重新定義所謂的「男子氣概」（masculinity），以避免傳統男子氣概持續傷害所有人。

二、性別刻板印象及角色分工對女性的不利後果

　　前述傳統性別角色分工仍相當程度延續至今，造成的影響不僅是兩性投入家務時間的差異，自然也影響投入工作的時間的多寡，**圖二**是臺灣社會變遷基本調查資料庫的統計，很清楚看到女性的不同生命階段對其投入家務及工作時間的影響，女性單身時期，家務時間及工作時間，和男性並無太大的差異，但是一旦進入關係後，即便未有子女，從事家務的時間突然大增，就業時間減少，此情況

---

[2] 請見聯合國的毒品及犯罪局（UNODC）公布的調查報告：Killings of women and girls by their intimate partner or other family members Global estimates 2020。
[3] 請參考Richard C. Reeves (2022)出版的 *Of Boys and Men: Why the Modern Male Is Struggling, Why It Matters, and What to Do about It*。

Working hours

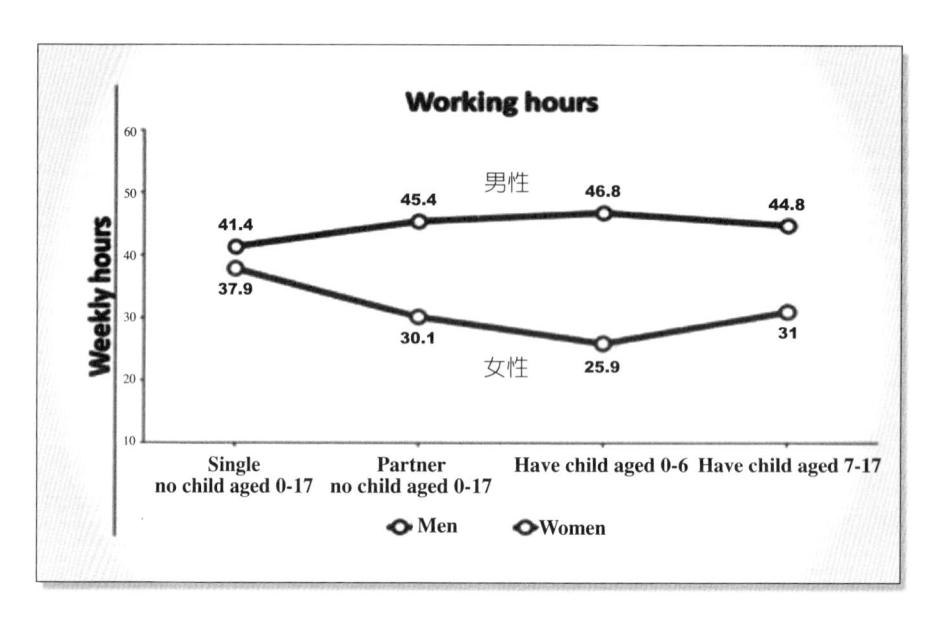

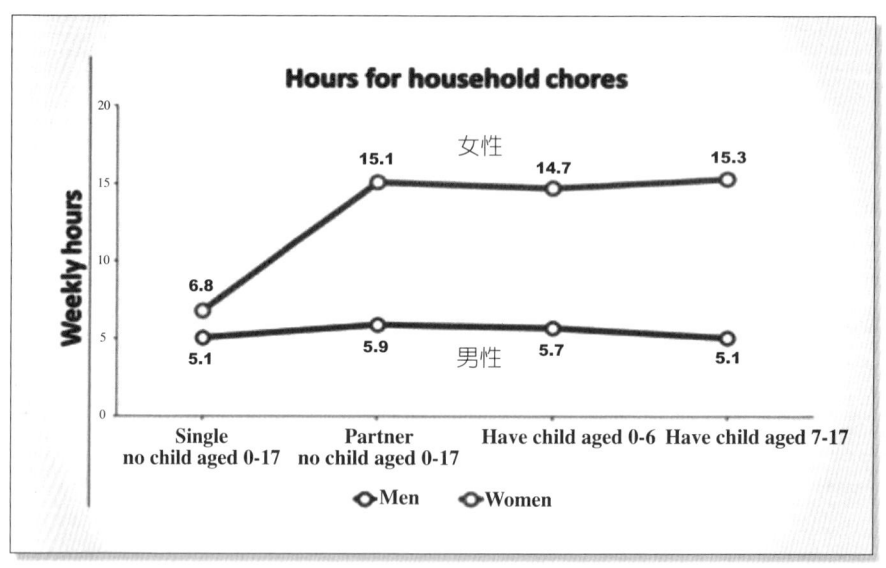

	Single no child aged 0-17	Partner no child aged 0-17	Have child aged 0-6	Have child aged 7-17
男性 Men	41.4	45.4	46.8	44.8
女性 Women	37.9	30.1	25.9	31

Hours for household chores

	Single no child aged 0-17	Partner no child aged 0-17	Have child aged 0-6	Have child aged 7-17
女性 Women	6.8	15.1	14.7	15.3
男性 Men	5.1	5.9	5.7	5.1

圖二　不同生命階段投入工作與家務時間

資料來源：臺灣社會變遷基本調查資料庫1996、2002、2012、2015、2021及2022年：20-59歲，不包含退休或高齡、身心障礙、生病不能工作、學生、服兵役、軍人。N=5,723，男=2,661，女=3,062。使用權重。

Chapter 2　職場性平運動省思

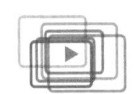

在有了子女且子女年幼時更是如此；反觀男性，無論處在何種生命階段，其從事家務的時間幾乎不變，與女性形成強烈的對比。此現象就不是女性只不過多做一點家事，何需大驚小怪的這種說法可以雲淡風輕地帶過。

二〇二三年諾貝爾經濟學獎得主Claudia Goldin之所以獲此殊榮，是來自她三十多年來研究女性工作的傑出觀察：男女之間長期存在的性別薪資差距，以往就業歧視是重要原因，晚近此影響已大幅減弱，更多是女性為了平衡工作家庭角色，不得不採取有彈性的工作模式，以因應家庭照顧的需求，然而這類有較大彈性的工作（部分工時、鐘點工、派遣等等），通常待遇不佳、福利差、替代性高、缺乏保障、升遷不易、發展性低，而無法從事她所謂的「貪婪工作」（greedy jobs），亦即那些需要經常加班、常態長工時、隨時待命、高負荷、高壓力，但報酬優渥的工作。換言之，一旦女性進入關係／家庭、有了孩子，就得被迫捨棄前述所描述的greedy jobs。

以往有人會將子女照顧及家務說成是「甜蜜的負擔」，此言實則不無有美化該負擔之嫌，因為女性為此得付出沉重的代價：經濟安全、獨立自主及社會安全保障。以經濟安全而言，從事前述這類在時間上有彈性的工作，通常替代性高、薪資低且社會保障不足，因而即使有工作，但在職期間所得不高，工作年資較男性短少，自然嚴重影響退休後的老年所得，而使其成為經濟依賴者。以獨立自主這一點而言，就業不穩定、所得低，難以獲致經濟安全，此時獨立自主如何不淪為奢談？再就社會安全保障這點來談，通常彈性高的工作，往往也是缺乏社會安全保障的職類，這類工作很不幸是落在社會保險之外，無論是法制即已排除或執行面為企業違法規避，

這使得從事此類工作者落入Guy Standing所稱之的「危脆階級」（precariat）[4]的群體中。

三、職場中女性專屬的障礙與挑戰

即使因為女性教育程度高及專業性強而免於落入前述危脆（precanous）的階級處境，但因為有家庭照顧的後顧之憂，女性依然要面臨許多就業上的障礙與挑戰。最常被提起的現象不外母職牆（maternal wall）、玻璃天花板效應（glass ceiling effect）、母職懲罰（maternal penalty）、統計歧視（statistical discrimination）、黏滯地板（sticky floor）及陷阱門（trap doors），都是女性經常面臨的就業阻礙。Mary E. Guy（1994）[5]以玻璃天花板、玻璃牆、黏滯地板及陷阱門等的隱喻來形容女性在職涯升遷中所面臨的障礙，這些現象的出現，正是由於組織中正式及非正式的性別化結構頑強地運作所致。

其中提到若干組織中性別化運作斧痕，呼應了Rosabeth M. Kanter早於一九七七年的研究觀察，亦即組織內人力配置、升遷及獎酬制度等等，都有著父權意識形態的運作痕跡[6]。簡單說，玻璃天花板指涉的是女性於職場升遷過程中，總是存在著有形或無形的障礙，致使難以順利循序而進向上升遷；至於玻璃牆的問題，則主

---

[4] 請參見Guy Standing（2011）所出版的這本書 *"The Precariat: The New Dangerous Class"*。

[5] 請參見Mary Guy（1994）出版的這篇文章 'Organizational Architecture, Gender and Women's Careers'，刊載於*Review of Public Personnel Administration, 14* (2), 77-90。

[6] 請參見Rosabeth M. Kanter（1977）出版的這本具有劃時代地位的書 *"Men and Women of the Corporation"*。

Chapter 2　職場性平運動省思

要是指水平職業隔離的現象，亦即女性總是被安排在組織中幕僚或支援性的工作中，缺乏未來升遷的關鍵性經驗與歷練；而黏濘地板的現象指出在刻板印象及性別角色影響下，女性從事的工作多屬低階性質、缺乏流動及生涯被限制在組織的底層，難以掙脫及無向上流動的可能；至於陷阱門現象，則是組織中的性別氛圍讓女性在行為上面臨左支右絀的困境，Kanter在文章中就以組織中的性騷擾為例，女性遭遇性騷擾時，若直接挺身對抗騷擾者，會被認為她太過敏感了；若要決定申訴，則會被視為是組織中的麻煩製造者；若決定默不作聲，卻又會被認為是在暗示默認及引導騷擾者；若出面為性騷擾作證，則會被視為背叛，而面臨被邊緣化的後果，簡言之，每一步都得小心翼翼，因為一不小心，就掉落組織暗門中。

再補充前述玻璃天花板現象出現的原因，依據 Joan C. Williams（2004）[7]的研究，玻璃天花板有兩種樣態：一是「寬容偏見」，即主管運用規章行事時，不自覺或故意地給予男性下屬利益；二是「歸因偏見」，即將行為歸因於既有之性別／族群的成見，例如女性員工準時下班，就會被歸因於要接孩子（暗指以家為重），但實際可能是該員工工作效率高，已完成所交付之工作了。另外，玻璃天花板現象還受到一種刻板印象作祟，那就是Virginia E. Schein及Marilyn J. Davidson（1993）[8]所提到的一種性別刻板認知，亦即主管在作升遷拔擢的抉擇時，浮上腦海的經理人形象是男性（think manager, think male）的現象！

---

[7] Williams, J. C. (2004). "Hitting the Maternal Wall-Before They Reach a Glass Ceiling In Their Careers, Women Faculty May Hit a Maternal Wall". *Academe Bulletin of the American Association of University Professors, 90*(16).

[8] 請參見Schein & Davidson (1993), 'Think manager, Think Male', *Management Development Review* Vol. 6, Iss. 3:24.

前述以簡略說明一般女性在組織中得如履薄冰，以免掉落入陷阱門中，對於有意在職涯發展上追求更上層樓的女性而言，這條路也如走鋼索，二〇〇七年Catalyst這個全球性的研究倡議型非營利組織公布了一份報告"The Double Bind Dilemma for Women in Leadership: Damned if You do, Doomed if You Don't"，這個報告指出的就是居管理高層的女性的兩難困境，那就是不能表現太好／過頭，以免被人背後指點太張狂不知收斂，但也不能表現太遜，因為背後總有許多眼睛在審視妳有何能耐，在過與不及間要拿捏好分寸，以免落人話柄。

　　前述兩種女性所面臨的玻璃天花板困境，在全球化愈演愈烈且市場高度競爭的今日，是有趨緩還是惡化，就留給讀者去觀察了。

　　除了上面已經提到的許多觀察外，女性還會遇到Claudia Goldin（2014）[9]所指陳的「汙染理論」（pollution theory）的影響，那就是男性更在乎維持職場的優勢地位與身分（prestige, status），因而不願與女性比鄰工作，以保持距離來維持優越感，深怕周遭女性的存在會影響其形象與地位。這在激烈競爭的職場，對於女性而言，特別是職涯向上流動到更高層位置時，恐怕更是雪上加霜！除非有公平的甄選制度，例如「消除對婦女一切形式歧視公約」（簡稱CEDAW）第四條所規定為了達成實質平等所採行的暫行特別措施，如保障名額，以利優秀女性職涯更上層樓。當然保障名額的做法固然有為達成實質平等的理據來背書，但不否認此做法有涉及反向歧視（reverse discrimination）的疑慮，因而也不妨參考有些國家

---

[9] Goldin, C. (2014). "A Grand Gender Convergence: Its Last Chapter". *American Economic Review, 104*(4): 1091–1119.

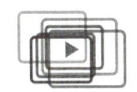

採用的平局決勝（tie break）的作法，亦即當男女資格條件相同時，優先錄取或晉升被保護之類別身分者，以升遷而言，由於高層女性比例偏低，因此晉升抉擇時，優先晉升符合資格條件的女性。

四、結構性障礙的因應與突破

前述討論的是女性職涯升遷的可能因應措施，但絕大多數女性還沒走到哪一步就已經裹足不前，無論是被迫或者是自願，因此對於政府、企業及民間組織的期待，及其能著力的地方更值得關注。國際社會這些年來的努力包括了推動積極行動方案（positive action programmes）、平等機會審計（equal opportunity audits）、彈性工作安排（flexible working arrangements）、公平晉用及晉升程序（fair selection and promotion procedures）、職涯規劃（career planning）、工作家庭平衡（the balance of work with family life）、親職假及津貼（maternity / paternity provisions）、職涯暫休方案（career break schemes）及兒童照顧假及津貼（child-care provisions），就必須被嚴肅對待，當然企業由上而下的重塑整個企業文化，從營利導向轉為價值導向的改變，這些挑戰才有可能得到減緩。

所幸，近年來國際社會大力推行的幾個重要理念，如企業永續經營的三個永續維度ESG（environment, social & governance，簡稱ESG）中的社會維度，即是指涉廣義的平等對待、尊嚴勞動、利害關係人的夥伴關係經營與社會對話等的落實。另一個也頗受關注的就屬多元平等共融政策（diversity, equity & inclusion，簡稱DEI）的理念及目標，若是能貫徹到企業裏面，成為企業經營及管理，特別是

人力資源政策的核心精神，則前述所提這些有助突破職場結構障礙的工具，才有可能被採用。

五、對女性職涯造成極大威脅的**greedy jobs**，對男性是兩面刃！

最後想回過頭來接續前面提到Claudia Goldin教授以greedy jobs這個存在的現實，來解釋何以女性就業落於不利處境，且兩性薪資落差持續存在的原因，毫無疑問，這類以理想工人為範型來期待受僱者可以完全配合企業經營所需，包括加班、待命、不休假、吃苦耐勞、敬業忠誠等的特質，固然對有家庭責任的勞工，特別是性別角色被期待以家庭為重的女性勞工而言，是職涯中不可承受之重，然而男性在職場除了可免於擔任（女性）被期待的家庭照顧角色外，尚有Kanter（1977）所指出的兩類神隊友相助[10]，一方面於工作中得到行政秘書的襄助，負責打理繁瑣之行政庶務；另一方面家庭中得到妻子負責處理並安頓龐雜的家務瑣事，這兩類內外神隊友的鼎力支持，使男性可以在職場中全力衝刺，對於女性勞動者而言，這無疑是一場「背著孩子與男性賽跑的競賽」[11]！似乎greedy jobs只對女性不利，而使得男性是妥妥的職場得利者，是這樣嗎？實則不然呀！

---

[10] Kanter, R. M. (1977). *Men and Women of the Corporation*. New York: Basic Books. 在該書提到男性在職涯發展過程中，指出兩類神隊友：職場內秘書及家庭內妻子。這是女性在職場中並不具備的條件。

[11] 呂翠玲（1999），《女性銀行員勞動過程之研究》，頁78，政大勞工所碩士論文。

Chapter 2 職場性平運動省思

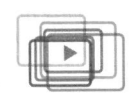

　　如前所述，greedy jobs之所以得此名稱，就正是因為這類型工作對勞動者索求無度且極盡貪婪，因而過勞及身心耗損必為常態，如果職業傷病率可以作為過勞及耗損程度的指標，則顯然男性在工作場所承受了最嚴重的傷害。以二〇二二年最新的勞工保險統計來觀察，傷病情節較輕的傷病給付為例，男性因職業傷病獲得給付的件數占比為52%，僅約略高於女性一點點；然而傷病程度進到較嚴重的失能時，失能一次金的件數中男性占比為77%，已是女性的3.3倍；若不幸因職業傷病致死的死亡一次金件數中，男性占比更高達83%，是女性的4.8倍。換言之，男性亦為greedy jobs付出沉重的健康及生命代價！

　　事實上，男性為此付出之代價不僅限於此，職場全力付出意味著難以兼顧家庭關係的經營（包括婚姻關係及親子關係），無法參與孩子每一階段的成長變化，亦無暇顧及親密伴侶的身心需求，最後面臨的可能是孤老處境！換言之，服膺競爭、績效極大化、利潤至上的greedy jobs，失去的是以人為本的相互體貼、彼此扶持的社群，從而令所有受僱者被迫付出極大的人性代價！

六、小結

　　這篇短文從臺灣性別平權運動成就談起，肯定多年來的進步有目共睹，但在這成就底下卻也掩飾不了根深柢固的刻板性別角色仍持續發揮影響力，致使男女俱受制於該角色而無法適性適所地貢獻社會，特別是女性的潛力無法解放出來，對社會及經濟有更大的貢獻。Claudia Goldin在其近期的出版中表示，未來兩性角色不應再涇

渭分明，但要能讓各自從既有的角色中解放出來，必須是勞動力市場要有改變，要提供更多（對勞方友善的）有時間彈性且免於被懲罰的工作，企業不應繼續獎酬那些長工時、高負荷或能配合資方時間工作的員工。最後筆者必須不揣簡陋地呼籲，國家、企業及社會組織，在托育及照顧面向上要有更大的作為，以利勞動者能在工作及生活（家庭）中取得平衡，如此經濟及社會永續才能有落實的可能！

Chapter 3

AI世代性平展望

葉大華

從互相不同立場，對媒體的產製會在意一些侵害人權的報導，所以大家集結起來跟媒體新聞自律的編審們、高級主管等不斷地溝通，是很重要的橋樑，這樣一路走下來建立了衛星公會這樣的自律品牌，衛星廣播電視同業公會秘書長陳依玫之後也連帶影響NCC在規管相關法令，也讓這個自律入法。

　　最關鍵應該是二〇一一年通過《兒童及少年福利與權益保障法》，當時我們在跟編審達成共識過程當中，就讓新聞自律真正入法，就是自律先行。

　　談AI世代的性平展望，從一開始推動兒少新聞自律的歷程，在筆者上半生唯二的兩個在民間的工作，一個是勵馨基金會。當年在推動《兒少性交易防治條例》的立法，後來到臺少盟推動《兒童及少年福利與權益保障法》，依照《兒童權利公約》大幅修正。

　　這些政策法律修正，要接軌國際的人權議題，就是兒少性剝削影像的處理，不只是新聞報導的問題，已經延伸到網路。二〇二四年二月參訪英國Ofcom組織，英國在二〇二三年九月正式通過《網路線上安全法》（Online Safety Bill），對於有一定規模的網路平臺業者苛責重罰，最重的苛責就是如果有不當內容涉及兒少性剝削、性虐待相關的文字影像等部分，會重罰甚至到上億的罰款。Ofcom是最重要的半官方監管單位。

　　目前筆者身兼國家人權委員會的委員及監察委員。事實上兩部分是獨立的，立法院設計成身兼兩職，從《兒童權利公約》的人權角度，看兒少性剝削歷年來在臺灣的一個修法立法過程當中，它反映什麼樣的社會價值？我們怎麼樣去跟國際的兒童人權標準接軌？我們會比世界各國更先進嗎？還是力有未逮？這就是數位治理議題的挑戰。

Chapter 3　AI世代性平展望

　　先從修法背景立法議題談起，我們從《兒童及少年性剝削防制條例》修法二部曲來講，為什麼叫二部曲？因為當年勵馨基金會成立，所推動的正式立法叫《兒童及少年性交易防制條例》。那是在二〇〇〇年之前，當年把它定位性交易是因為當年雛妓是在一定的場所，然後有性交易的對價關係，所以立法院改叫性交易。因為叫性交易有交易兩個字，難免大家就會覺得說那少女是不是自願？常常會落入這樣的思維。

　　到二〇一七年，立法部門把它接軌國際人權公約。為什麼？因為二〇一四年正式內部法化《兒童權利公約》。《兒童權利公約》將十八歲以下的兒少，不論處於什麼樣的困境或意願，只要未滿十八歲，所有被引誘或脅迫各種不當的手段，去從事色情或性有關的行為，被當作是剝削的問題，所以需要國家介入。二〇一四年通過《兒童權利公約》之後，另外是二〇一七年因應愈來愈多針對十八歲以下兒少性剝削態樣，從網路私密照外流，涵蓋國小學生大家隨便上網Google各種變化。校園裡面出現小學生交換私密照、裸照的現象，好像已經不是一個太大驚小怪的事，大概在特定的網路私密社團、Line群組，常常會交換訊息。

　　二〇一九年有N號房，二〇二一年我們最本土的N號房的最前段，就是所謂的Deep Fake的小工事件。臺灣N號房在二〇二二年被查獲，大家並沒有很重視，只知道這個行為人有醫生、老師、退休公教人員，這個都是白領階級、收入很豐厚的人，居然願意做這樣的事情蒐集、販賣，然後散布圖利。一直到二〇二四年黃子佼事件才讓人恍然大悟，原來不是現在才有。稍後簡略講一下這些法令的修訂的過程包括，性剝削定義變化、犯罪類型、其他國家怎麼看待有這個問題等。

43

現在的爭議是在持有，就是創意私房之後，大家的風向會去討論，我現在持有這個照片可不可以？曾經在立法院就已經有討論過，當時立法委員就針對二〇一七年性剝削條例，後來又出現deepfake事件，還有很多網路的私密照外流，已經啟動討論持有兒童色情照片部分要不要刑罪化，刑罰化，當時尚未定論。沒有想到過了幾年之後，赫然發現應驗的速度太慢了。

　　現在法令在二〇二三年修過了，以前沒有正當理由持有先是教育宣導、輔導為主，不會處以任何的刑責。到二〇二三年的修法是有刑責的，現在還有包括從iWIN到衛福部性影像處理中心。數位性暴力司法通過之後，依照《性侵害犯罪防治法》成立性影像處理中心，現在處理數位性影像不再只有在iWIN機制，iWIN是最早期二〇一一年我們大修《兒童及少年福利與權益保障法》後設立的機制。最早的元老當然就是白絲帶關懷協會的黃葳威老師，現在就是由這個臺北電腦商業同業公會維運。現在遇到一個挑戰就是，本來iWIN平臺受理各種網路申訴的各種影響兒少身心發展的不當內容，後來覺得性影像的處理一定要有另外的機制，所以衛福部有成立性影像處理機制就是處理中心。

　　最早兒少從事所謂的性交易行為屬於刑罰化的觀點，在一九六二年就有《少年事件處理法》，屬於所謂偏差行為，依照情節輕重有可能被安置保護。後來一直到《兒童福利法》、《少年福利法》整併，二〇一四年《兒童權利公約》內部法化之後，開始用一個保護兒少作為當事人、受害者的立場來看，今天不管處於自願或非自願，被引誘或是其他，不管是男女只要觸犯相關的《兒童及少年性交易防制條例》就要被保護起來，送到中途學校或是兒少安置機構。

Chapter 3　AI世代性平展望

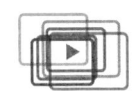

聯合國《國際人權公約》有很明確的標準定義兒少性剝削，就是要符合最基本的人權觀點，所以從二〇一七年才有做《兒童及少年性剝削防制條例》正名。性剝削的議題很複雜，涉及人口販運，也涉及兒少怎麼表現自己的身體，跟對性的探索跟欲望，怎麼展現給特定的人，被散布出去，這就是網路發展二〇〇〇年之後全世界各國都面臨的問題。

另外還包括新的交易型態就是AI，現在已經可以合成到你的臉就是一個別人的臉，然後身體是童言巨乳，甚至沒有這個人；可以用AI合成，用大數據演算。如果今天用這個來賣錢收會員，可不可以依照這個法令？他說沒有這個人，到底傷害了誰？我們在講的相關的法令不都是有傷害兒少身心嗎？今天觀看購買這樣的事情又沒有這個人、沒有這兒少，可以用現在的法令去制束他嗎？這就是現在AI最大的挑戰。不只認知作戰、假訊息作戰，在全世界各國包括英國一直在做這些研究。這已經氾濫到不只在關切的這些醫療、國防國家安全議題，根本是影響這種地下經濟犯罪的擴大跟擴散，是全球化地在流轉。

臺灣有很好的法令盡可能地去規管。但國內不能用的，可以轉身賣給外國人，透過Telegram平臺就出去。詐騙也是，其實是很大的問題。網路的安全設計，後來英國才會走比較強力的立法。歐盟重視所謂的人權，最基本的人權就是隱私權，特別在兒少有更高的標準。所以在相關的法令中，也做了苛責相關產製內容平臺業者跟網路業者較大的社會責任。

當年立法，有一個茉莉少女被網路霸凌，導致這位少女什牛，她的父親不斷去抗議，最後才讓這個法案通過。他們開了很多聽證會，英國國會是激辨了很久，很些微的差距過了，就是要很多年的

努力。相關的政府部門官方數據早在2017年就出現這些問題，從《兒童及少年福利與權益保障法》整併，然後依照《兒童權利公約》大幅翻修過程，陸陸續續出現未滿十五歲受到性剝削，受害比例逐年攀升，其實是很嚴重的警訊。

另外還有趨勢跟現象，大家都以為只有女生會被性剝削，其實不然。所謂多元性別認同，會有各種不同的性傾向、癖好的人會需求，所以兒少性剝削也有一定程度比例的男性受害。公部門數據呈現男生受害者逐年上升，所以兒少性剝削或相關的資訊媒體素養教育一定要有人權觀點，而且要平等不歧視，一定要加強對男生的宣導。

可以上網Google，有一個澎湖國小學生去畢業旅行，同班同學嬉鬧或者是強拍一個同學的裸照，然後散布。那時候學校許多家長來抗議男生對男生也會發生這樣的事，強拍裸照就散布了。怎麼辦？就依性別去做輔導。可是你今天如果歪曲了這個影像，沒有一定的機制處理，散布到網路，你就要動用相關機制去移除下架。

兒少性剝削通報案件歷年來講，二〇一七年轉變定義叫性剝削之後，整個的態樣大概四樣。很明顯會看到供人觀賞、拍攝跟製造的已經是最主流最大宗了。拍攝跟製造當然還不包括正在爭議，也是今年國發會的提點子平臺，有針對二創的一些圖文作家、創作者，提點子抗議說性暴力數位司法通過後，iWIN居然要求他們下架某一些遊戲軟體，不能夠有這種以童顏巨乳、涉及兒少的再次重製的圖文創作，要求要下架，所以他們就炸鍋。炸鍋就是提點子。

衛福部或是相關的平臺政府，可以看到針對十五歲以下被誘騙或是被合意拍攝的性私密影像或裸照，這些手法提供人觀看散布的犯罪手法。如假裝成為你的男女朋友、老公老婆，沒幾天就可以要

Chapter 3　AI世代性平展望

到你的裸照，另外就是假裝我跟你是同年齡的人，至少都不知道後面是怪叔叔還是什麼，有可能就是各種不同年紀的人，引誘說要不要幫我幫你看看檢查，是不是私密照都正常等等。另外就是用私密照來交換，等於是另外一種形式的交易。

二〇一七年加入兩種新型態的性剝削犯罪的類型，傳統就是有對價行為在一定的空間時間裏面，兩個人有這樣的一個對價關係，涉及到可能坐檯、陪酒、伴唱等等，這是二〇〇〇年以前的事了。現在都已經走到網路，如果要找真人要冒這個風險，現在AI已經成功到，知道以前有所謂真人充氣娃娃，可以除了自慰，還可以買充氣娃娃，只要抓一個器具，就可以感受到你考量跟某個人進行性行為。

這強烈地挑戰一個所謂的人跟人實體親密關係的態樣。新的型態的過去就真的很清楚是專門以兒童少年為主來從事性交易猥褻的行為，把它拍攝下來然後來傳送，有的是會營利，有的是自己觀賞，另外有的就是作為散布使用，那是為了色情復仇式色情報復。不是只有成年人，未成年當中這種類型開始出現，就聯合國定義的十八歲以下少年跟兒童。只要是未滿十八歲疑似遭受這四種態樣，都是性剝削條例的對象，包括散布性愛片，然後去勒索就叫做復仇式色情，另外是說利用這個兒童年幼無知、沒有社會經驗騙取這樣的一個照片，甚至不一定是要私密照片，先騙大頭照，然後去合成別人的身體。

上次才看到一個新聞報導很驚悚，說現在打電話千萬不要自己先講「喂」，為什麼？詐騙集團要偷你的聲音嗎？後來很警覺，AI可以先進到這個程度，偷你的聲音然後就掛斷，也不出聲，他聽到他錄好了就錄下來，然後他就會把你聲紋AI進去，所以詐騙無所不

在。不是去罵罵數位部就可以，去罵NCC管不管，不是這個問題，每個人自己要有這個防衛跟保衛自己的狀況，互相提醒。

二〇一七年已經重新定義性剝削態樣，當時在這個第三種態樣拍攝製造兒童少年偽性交或猥褻行為的圖畫、照片、影片、影帶、光碟、電子訊號還有光碟，甚至都雲端，甚至到區塊鏈，現在還有一個最夯的行業叫做區塊鏈犯罪分析師。大家有沒有注意到黃子佼的新聞出來之後，有訪問到怎麼拆解得到那個創意室處雲端的檔案，就是有仰賴非常專業的區塊鏈的犯罪分析學者。

所以說要幫助人，要捍衛正義，也可以發展專業。區塊鏈可以進展但不是騙人而已，有人投資就專門在分析，要非常精密地分析就知道金流跑到哪裏、要流向哪裏，才會確認知道說原來這些金流來源會呈現出是哪些，使用者的樣貌跟圖像就出來。

二〇〇七年行為態樣針對持有者沒有入刑罰法，只有罰錢行政法，然後把所持有的這些影像圖片照片等沒收。第二次針對罰就罰得更重，這個會有用嗎？像這種誘拍不管是親密關係的對象，還是網路騙到對象的性愛照片，只是持有自己觀看、自己在看又沒有要分要送給別人看，這樣也不行嗎？

當時二〇一七年的《兒童及少年性剝削防制條例》，就是持有，沒有正當理由的就去輔導教育。還要花時間確認到底有沒有正當理由，落實上有一定的困難，持有者不覺得自己有什麼問題，覺得反正倒楣就被抓到，也說不出什麼正當理由，就被罰就只好給錢了事。

聯合國《兒童權利公約》所有會員國簽署，目前只有美國沒有簽過它，是所有人權公約裏面最高度共識的一個公約，所有國家都知道持有兒童色情的圖片影像屬於犯罪，只有我們還在爭論。二〇

Chapter 3　AI世代性平展望

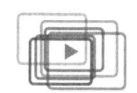

一九年的私密影像相關性剝削法規通過之後，數量一直在成長，直到小玉事件。大家知道後來小玉被判多少年嗎？當年還沒有數位性暴力四法，如果依照二○二三年剛修過的則更重。大家就可以看到說像這樣一知名的人，有那麼多粉絲，結果他去幹了這樣的事情，然後還針對各行各業有名的人。為什麼變deep fake這麼容易被使用，或者是散布那這個技術愈來愈豐富發展？當然他做一個社會控制的模式之外，另外就是大家在臉書上真的千萬不要隨便放個人照，就你就會忘記東西，特別是家裏的位置。

好像很多朋友都加他都是你認識的，千萬不要相信，這就是詐騙集團的手法。他可以不斷地騙，反正騙不成你就騙別人，然後你的照片不要變成他利用，要確認你要鎖得很成功，所以私密照更是很大的問題。

數位性暴力的資源暴力分類非常多元，目前我們是只有針對因為有《跟蹤騷擾防治法》，數位性騷擾，對於虛擬性侵略部分還在研議。基於性別的仇恨行為，行政院正在研擬所謂的《反歧視法》，還在開公聽會。

仇恨言論也是世界各國正在積極面對的一個問題，要不要入法？像歐洲有些國家德國、法國比較重視人權，包括歐洲人權法院、歐洲憲法法庭都會受理這種仇恨言論的申訴案。臺灣目前還在等相關的法令通過。基於性別的隱私侵害就肉搜、數位跟騷等，目前性暴力防治已經有相關法令。

人口販運是新興問題，AI技術的虛擬影音的濫用，數位性暴力只能依照《刑法》的散布猥褻物品、妨礙秘密來論，這比較輕，北京是五年以下，散布猥褻物品是兩年以下，妨礙秘密三年以下，還可以易科罰金。因為是五年以下的刑度，數位性司法的《刑法》包

括性影像的定義，還有被害人透過《犯罪被害權益保障法》。檢察官有權力、有工具要求加害要交出、刪除下架他手上所擁有的這些性影像，操作面要更多地落實。

　　新版的《性侵害犯罪防治法》要求網路平臺業者自律，因應此法應該要強化這方面的自律。最重要是說當有人舉發這樣的一個性影像的犯罪影像，業者被舉發或是被通知，必須要跟警察通報，如果沒有，會有裁罰。然後要保留相關資料一百八十天，供司法調查之用，二〇一七年修法，就是因為很多兒少性私密影像受害者，急於把所有的影像刪除，變成沒有佐證的證據，這一波的修法就比較完備，要舉證收存一百八十天供司法調查。

　　另外要加強相關的加害人社群監控等等，《兒童及少年性剝削防制條例》針對持有進行苛責。不論有無正當理由，只要持有散布這些影像，要處一年以上、七年以下有期徒刑，並罰五百萬以下，因為這一條才讓二創創作者炸鍋，因為iWIN就用這個要求他們要下架，這些涉及到相關兒少權益的創作。梗圖或者是二創的整個圖文，因為就是有刑責，他們才去提點子，不是告訴乃論、是公訴。付費會員認為60%的這些受害者，其實在合意跟資源或誘騙的狀況下去拍，愈來愈多會有徵用AI的方式，就拉高了刑責實體的法令，所以現在用AI來做這一種合成的影像造成的這種侵犯，對閱聽人產生的影響這項部分目前是沒有相關法令去做處理。

　　依照性暴力的司法的修正之後，成立性影像處理中心，其實真正申訴的案件，不到一半。報警大概有57%，是因為有《兒童及少年福利與權益保障法》通過才會去報警，有效申訴的案件比例，換算出來大概四分之一到三分之一，可以進入申訴流程。真正被移除的網站是80%，被害人大概未成年的不是那麼多，成年人的受害者

Chapter 3　AI世代性平展望

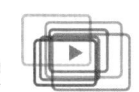

比較有關。性影響處理平臺要通知相關網路平臺要下架移除這些資訊。通訊軟體像私聊的Line影音平臺大概移除率機率不高，因為要仰賴國外比如說Facebook、Google、Line國外的總公司處理。

　　各國對兒少色情的持有的刑罰化都是非常高，日本判處一年以下的徒刑，罰一百萬。二〇二三年修訂從Deep Fake到創意私廚後，才參考日本經驗，提高刑度處理，只有兒少性影像就處以一年以下的刑罰。國家人權委員會兒少數位在《兒童權利公約》國際審查會議中，二〇二二年就提相關獨立評估意見，特別針對聯合國關切兒少數位潛意中有關於網路霸凌、數位性暴力跟性剝削獨立評估意見。目前政府部門包括數位發展部、衛生福利部、NCC都沒有去掌握很完整的數位環境的基礎資料。《兒童權利公約》第二十八號一般性意見，要求所有簽約國要掌握國家當中兒少數位環境的基礎數據。目前這部分還沒有做一個很好的整合。

　　另外是網路霸凌的問題，NCC雖然有相關防治計畫，也強化網路環境分齡的資訊，但不能只有這樣。不可能去禁止不同年齡層兒少完全不用手機、不上網，這是不可能的事情。最好的方式就是要善用縣市政府的家庭教育中心，多開親子教育課程、跟數位環境有關的課程給家長，家長才能清楚知道，而不會只有責罵或害怕，或是不理一切就算了給他去。家庭教育中心之前也修法，賦予要強化親子教育功能，也配備社工、心理諮商服務人員。所以應該要強化培訓家長或照顧者使用數位設備的能力，瞭解這相關發展跟法令。

　　針對數位性剝削網路誘拐愈來愈多，官方數據顯示，針對性私密影像算不上是最大宗的態樣，大概有七成，其中衍生出所謂的網路逃家而涉入到所謂的數位性剝削問題，六成以上性剝削被害都是因為網路誘拐，這是很高度相關的問題，所以要注意到如果孩子有

一天突然間不見，要趕快找他。

　　新聞報導澳洲有一個二十六歲去打工的女學生突然失蹤，後來筆者問外館說你們有沒有掌握這個資訊？怎麼會失蹤？而且接連幾個中國大陸的女生也失蹤，最新的消息是被詐騙，如果上了飛機就被飛到柬埔寨去被關小房間了。之前調查臺灣人被騙到柬埔寨去的詐騙，一直到查到臺灣版的柬埔寨，這種無國界很可怕。

　　臺灣是詐騙輸出國，現在已經變成我們是受害人，然後現在全球各國因為我們臺灣人自己去到當地，自己就被騙。然後他是上飛機前一刻，因為大家發動所有的力量找到人，不然真的就到柬埔寨去被詐騙。

　　同樣就是網路誘拐，導致逃家，官方數據裏面已經呈現相當的正相關。所以我們在二〇二二年提這個獨立評估意見，剛好數位性暴力司法正在討論，就特別強調下架移除資訊，在未來設法去強化。

　　《兒童權利公約》除了本文外，有兩個任擇議定書建議各國要針對比較嚴重、必須要關切的兒童人權議題，來做另一個議定書，它的功能跟公約類似。一個是買賣兒童及兒童色情製品的任擇議定書，另一是避免兒童捲入戰爭的議定書。目前這兩個議定書我們都沒有簽署。任擇議定書也是目前世界各國大概85%的國家都簽署，世界各國都有一致的看法：買賣兒童就不講人口販運，兒童賣淫涉及到性的交易跟剝削、兒童色情製品。特別應該按照罪行的嚴重程度有適當的刑罰來懲處，要刑罰化。

　　什麼是兒童色情製品？相關公約的解釋文來說，用任何手段顯示兒童進行真實或模擬的有關性活動或主要為隱晦而顯示同性器官的製作品。簡單講就是模擬等等，這些會讓以性為目的的裸露而到

Chapter 3　AI世代性平展望

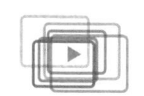

特定的性的相關部位。

聯合國正積極對虛擬兒童色情進行相關規範，用AI的技術合成，移花接木成兒童色情的一個照片，模仿性行為這個部分不管是透過借位還是看起來真的有從事真的性行為，都已經涉及到兒童色情。也有很多的國家在爭論是否要包括創作的作品包括漫畫、動漫在其中。日本蘿莉控、蘿莉文化就是最大作品。邢臺灣展翅協會一直在關注，所謂的虛擬兒童色情。涉及到虛擬的兒童模擬色情，聯合國正在研議中。

數位治理的議題的挑戰，包括遊走在法律邊緣的網路梗圖二創圖文，AI再現兒少性剝削影像。怎麼看待持有性影像者的刑罰，不管是女生持有還是男生持有，持有者是成年人或未成年人有沒有差別。持有的內容為什麼要是未成年的兒童呢？這跟戀童癖跟性傾向癖好，會不會有關係？都值得對話。

針對兒少隱私跟降低網路公審的效應，監察院調查二〇二〇年發生的田盛傑個案，他侵害同班同學，網路論戰之後說他是警察之子，本來早就要被舉發就被吃案等。當時南投縣政府處理不當，都是警察局出來滅火。導致網路聲量一直不斷討論田某某一定是背後後臺很硬，才會政府警察局要趕快跳出來說明跟解釋。當年網路溫度計調查，案件大概是從輔大事件後，討論聲量最高的一個。因為還有後續，牽涉到二〇二四年的國中生割頸案。這個案件延燒到平臺業者不滿，因為依照《兒童及少年福利與權益保障法》第六十九條要被要求下架移除，還要提供相關散布這些資訊的人的資料去聯繫，還要依照《兒童及少年福利與權益保障法》開罰。當時很多網友認為是言論自由，就開始創意創造，做二創惡搞。迷因梗圖一堆，真是嘆為觀止，網友創意無限無窮，完全游走法律邊緣。最重

53

要的目的就是霸凌，為什麼敢講他的名字，是因為他成年而且他已經改名。

當時我們發公文問平臺業者，要求提供這些散布者的資訊，在什麼狀況下要提供？在什麼狀況下不提供？當然不同的平臺有不同的意見。最重要的問題在於說平臺業者不認為自己對於會員使用者有這個要求自律，或平臺業者跟會員之間沒有監督關係，純粹是收錢服務，是服務關係。除非很確定犯法，否則他不會提供任何資料給這些要求移除下架資訊的這些平臺像iWIN，甚至未來的性影像平臺，所以就是一個監督關係的問題。

未來最大挑戰就是，要求網路業者自律，如果不通知警方，你罰他錢他還是覺得寧可罰錢，因為罰得也不多，無助於去理解持有兒童色情圖片，是一個犯罪行為跟問題。對於少年犯罪紀錄行為不能塗銷，網路公審領域已經沒有理性可言，相關法令會愈修愈倒退。

二創的圖文作者指出，究竟多少兒少性剝削案件是因為虛擬創作發生，政府要舉證，要做研究跟佐證調查。再來是要邀請這些沒有利害關係的動漫創作者跟出版商參加開會，考量二次元產業特性討論要全程直播，性剝削條例中兒童少年定義要更明確。臺灣二、三十年對於兒少性剝削議題，已經接軌國際標準，所以會有這些比較不符合比例原則的要求，但多對話是很重要的。

英國在二〇一七年發生少女莫莉事件，她十四歲生前陽光，家裏是中產階級環境長大的孩子，她在生前兩周因為被餵了兩千則的負面貼文，最後就自殺了。她爸爸非常沉痛，開始去抗爭。開始要求最後到國會作證才促成這個《網路線上安全法》（Online Safety Bill）通過。規定社交媒體要刪除平臺上的非法內容，包括鼓吹兒

Chapter 3 AI世代性平展望

影像、性暴力、鼓吹資產、虐待動物、恐怖主義武器銷售、毒品銷售等。要求社交媒體跟社群平臺要移除非法內容。如果沒有移除是重罰。

　　AI已經不是各自的保護團體或兒少權益團體自己關起門來關心而已,要跟很多在產製AI過程中產業鏈、甚至每個環節的創作者、製造者,都要去對話。

Chapter 4

兒少性別發展與媒體

丁雪茵

媒體跟兒少性別發展來看，媒體對兒少發展面影響可以參考相關法律。其中《兒童權利公約》指的兒童是零到十八歲，兒童保護的部分有《兒童及少年性剝削防制條例》以及《兒童及少年福利與權益保障法》。

在推性平教育時要注意，要有兒童發展的一個觀點，因為兒童的特性不同，特別要注意根據他的特性，每個階段都有不同的教育方式。

幼兒階段的孩子模仿能力很強，且很有想像力，成人世界發生的事情，他們就會模仿。從大腦發展來看，所謂的前額葉，灰質的發展狀況，小孩子跟大人是不一樣的。兒少大腦的灰質狀態，二十歲才發展得比較好，灰質部分牽涉到理性思考，跟抑制衝動部分。

青少年的階段特徵，如同汽車的油門配上腳踏車的煞車，常常煞不住，所常常會比較衝動一點。大腦發展在抑制衝動的能力，要二十歲才比較好一點，因為大腦到那時才會發展得比較好。心理發展階段參考Erickson提出八個階段，其中是青少年的階段，在尋找自我認同，在找我是誰、我可以成為什麼，這個階段是一個角色統整階段，媒體往往成為他重要的模仿或參考的架構，就要特別注意到媒體的影響。

媒體建構一個社會的真實（reality）、社會真實（social reality），人在不知不覺中會依據媒體提供的參考架構，來詮釋社會現象的真實，所以媒體像一個意識形態的機器，會操縱人該想些什麼，告訴人家怎麼想才是好，什麼才是社會的主流價值；無形當中透過媒體就會選擇，就有一些價值觀選擇或是刻板印象，我們要非常注意媒體的影響。

媒體影響性別概念的建構，小孩子會學性別角色，Bandura社會

Chapter 4　兒少性別發展與媒體

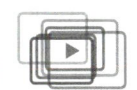

學習理論強調，人會經由觀察模仿來學習的，社會主流的價值觀，或性別角色刻板印象，包括職業刻板印象，還有兩性之間的關係，都會透過媒體來傳達，青少年可能就以此為標準來學習。媒體的負面影響，如性別刻板印象、性別特質、家庭角色、性別互動、職業角色、身體意向等。

譬如家電廣告，常常是男主外女主內，家電廣告現在愈來愈多針對單身，現在不婚不孕也是現象。卡通櫻桃小丸子的媽媽總穿著圍裙，常常是在廚房裏，卡通或新聞一直在傳遞女性的角色、男性的角色。第一夫人出現，媒體報導什麼？像蕭美琴駐美期間的演講，都關注在外表、染頭髮、衣服怎麼穿，沒有注意蕭的專業。

男女性，媒體報導注重不一樣的議題，對兩性會報導不一樣的重點。戲劇有一些習俗呈現，未必是傳統戲劇，還有一些偶像劇。喜餅廣告過去都是男性主動，女性等待。

有一點不一樣，媒體報導一個性侵害事件，是女生性侵男生，一個體育系的，所以有一點在轉變。Disney卡通，公主跟王子的故事很多。兒童福利聯盟調查，百分之七十七的小孩，觀看過偶像劇，他們會模仿經典臺詞和男女主角的一舉一動，這個愛情的腳本可能就透過這些戲劇，無形中進入孩子的心裏。

關於職業部分，分析兩百七十萬則的YouTube廣告，發現不同行業的廣告，女性出現的比例是不一樣的，無形中形塑了不同行業的性別。

身體意向部分，媒體讓我們看到什麼才是美、什麼才是帥。女生要肌膚平滑、濃眉大眼、瘦才是美，男生要強壯。媒體示範修圖很容易，家母看到問筆者說，那個廣告，真的是陳美鳳嗎？她說：哇好年輕喔。筆者說那個都可以修，不知道是真的還是修過的？

這個世代的孩子，看到的可能都是修過的東西，挪威就通過一些法令來保護孩子，修過的圖要標示清楚，挪威訂有規範，但臺灣卻沒有關心。

媒體對青少年影響包括厭食症和青少女自殺率提高，國外、世界各國都發現，這是受到社群網站的影響。孩子對自己的身體形象，產生錯誤的追求。有纖瘦的法國名模，已經過世，當初就是要追求瘦才是美，後來瘦下去，就變成厭食症，最後就過世了。所以法國開始禁止用紙片模特兒，開始轉變這個美麗的標準。英法有一些措施，經過數位編修的圖片，都要標註清楚。

關於跨性別跟變性部分，像這個丹麥女孩，透過媒體，開始出現變性或是跨性別的報導愈來愈多。I AM JASS，《國家地理雜誌》二〇一六年出版專刊，所謂gender的概念、意識形態，透過媒體在大量傳播。英國調查發現，最近尋求變性的兒童變多，40多倍、45倍，女生45倍，男生是12倍。

英國調查也發現，社交媒體會影響孩子對於變性的看法，孩子們就在網路上尋求驗證，就自我診斷是跨性別，所以英國課綱有明確規定，老師不准誤導孩子，如果要穿不同性別的衣服，就是跨性別，禁止教這樣的gender ideology。

關於大腦對A片的反應，看A片會改變大腦的狀態，形成網路色情的陷阱，例如私密照外流。臺灣針對《兒童及少年性剝削防制條例》修法，除了利用兒童和少年為性交易的行為，供人觀看，還有拍攝、製造之外，連持有都開始處罰。黃子佼事件，即便只有持有，還是會受到處罰。

數位性暴力其實愈來愈多樣，兒少面對的數位危機，非常險惡，必須要幫助兒少有一些防治的機制。媒體自律機制建立，媒體

Chapter 4　兒少性別發展與媒體

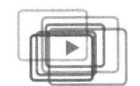

自律機制要靠教育。媒體持續存在，兒少不斷學習，那條界線在哪裏？他律需要社會大眾，善用iWIN平臺或是113進行檢舉。

　　法律是最後一道防線，諸如《兒童及少年性剝削防制條例》相關罰則或分級制度施行。基於考量兒童發展採取一些防護限制，或白絲帶關懷協會資訊素養的預防教育，目前沒有辦法阻止孩子去接觸，只能引導兒少學習如何選擇，如何判讀，希望這是理想狀態。最根源在於家庭教育，如果可以讓家長攜手強化這道防線，相信更有機會落實。

Chapter 5

AI世代性平圖像

賴月蜜

AI很重要，人工智慧幫我們很多忙，而在性平的展現，人工智慧如何輸入（input）、輸出（output），就會涉及到input過程，有沒有可能將現實生活中的性別歧視和職業上的性別不平等input，導致AI在output即帶有歧視的辨識？後續的倫理、隱私問題？

歐盟相關倫理規範強調，要尊重人類的自主權、避免傷害、公平性以及可解釋性原則。

電影《化學課》是真人真事的一個歷程。女主角在就讀博士時，指導教授企圖性猥褻、性侵她，女主角很生氣，就拿筆戳了老師，並向學校提告。學校竟然跟她講說：「妳造成老師傷害的這個部分，我們不會對妳怎麼樣。」氣憤的她覺得所謂的價值觀（value）在哪裏？「是我被傷害」，結果學校說成是她戳了老師，這件事情學校及老師不追究，索性她覺得這樣的學位不念也罷。但在一九五〇年代，她只是一個碩士畢業，又在都是男人的社會，有很多辛苦的部分。為什麼叫《化學課》？因為她學化學，她把化學用在烹飪，透過烹飪節目，喚起很多女性的自覺。

電影《沙漠之花》，講述部分非洲部落對小女孩施行的女性陰部切割（FGM），女主角成為聯合國保護兒童大使，致力廢除這殘無人道的虐童行為。電影《When we leave》描述榮譽殺人（honor killing）對婦女的傷害，故事是一位受暴婦女回娘家，家人一開始很開心女兒回家，後來發現女兒不回夫家了，這在他們的社群是很丟臉的事，最後指派家裏小兒子去殺姊姊，但最小的兒子其實是被姊姊帶大，小弟最終不忍殺害姐姐，家人也料想到小弟可能因姐如其母下不了手，於是哥哥最後補上一槍。

臺灣從一九九八年有《家庭暴力防治法》，臺灣人權發展到一個程度的時候，當我們再回去看回教國家對待婦女的狀態，都會難

Chapter 5　AI世代性平圖像

以忍受。一九七〇年美國開始施行《家暴法》，一開始也不是被大家所接受，他們有很多傳統的概念、框架，幸有《Globe郵報》不斷報導因家暴受害的新聞，甚而挑戰司法看待家暴的審理，因媒體持續關注，直到社會不得不重視家庭暴力的議題。

臺灣法庭在家庭暴力的協助，有家暴事件服務處及家事服務中心，陪著受暴婦女相關服務，也有相對人及兒童的協助，一如社會安全網，社工們做的是All Family全家人的服務，旨在協助暴力的停止。

兒童出庭，兒童保護在法庭上，所謂兒童最佳利益的原則也因性別平權有所改變，例如以前歐洲在父母離異的一項考量因素，tender year doctrine（幼年原則），過往歐洲社會，小小的孩子出生不久，親權一定判給媽媽，考量的是小baby才離開母親子宮，餵奶照顧都仰賴媽媽。這樣的原則在男女平權的時代已受挑戰，在英國曾有裁定因年輕的爸爸做好完善親職計畫，相較於媽媽的不穩定，最終孩子的照顧裁定給爸爸，甚至法官在裁定上述明tender year doctrine有違男女平權，兒童最佳利益應依個案情況認定。在捍衛性別平權這個部分，甚至二〇二一年大法官釋字807號解釋，關於限制女性勞工夜間工作，除非是孕婦，否則有違工作權下的性別平等，因女性勞工於夜間工作者，難謂因生理結構之差異，對其身體健康所致之危害，即必然高於男性，故不得一律禁止女性勞工於夜間工作。

《消除對婦女一切形式歧視公約施行法》第一條明定，「對婦女的歧視」一詞指基於性別而作的任何區別、排斥或限制，其影響或其目的均足以妨礙或否認婦女不論已婚未婚在男女平等的基礎上認識、享有或行使在政治、經濟、社會、文化、公民或任何其他方

面的人權和基本自由。

第二條提出做法與政策包括：

1.男女平等的原則，以法律或其他適當方法，保證實現；
2.適當立法和其他措施，禁止對婦女的一切歧視；
3.主管法庭及其他公共機構，保證切實保護婦女不受任何歧視。

第四條明文：

締約各國為加速實現男女事實上的平等而採取的暫行特別措施，不得視為本公約所指的歧視，亦不得因此導致維持不平等的標準或另立標準；這些措施應在男女機會和待遇平等的目的達到之後，停止採用。

相關措施參考第五條：

改變男女的社會和文化行為模式，以消除基於性別而分尊卑觀念或基於男女任務定型所產生的偏見、習俗和一切其他做法。

性別平等意指：任何人不因其生理性別、性傾向、性別特質或性別認同等不同，而受到差異待遇。性別平等核心內涵在於重視差異與積極平等對待。促進性別地位實質平等，消除性別歧視，維護人格尊嚴，厚植並建立性別平等之教育資源與環境。

聯合國兒童基金會表示，性別平等「意味著女性和男性、女孩和男孩享有相同的權利、資源、機會和保護。它並不要求女孩和男孩，或女性和男性，一視同仁，或者他們受到同等對待完全一樣。

至二〇一七年，性別平等是聯合國十七項可持續發展目標（SDG 5）中的第五項。聯合國開發計劃署的人類發展報告每年都

Chapter 5　AI世代性平圖像

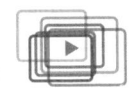

會衡量性別不平等情況。

　　黃子佼案例的後續，針對不當網站的封網也是一大突破，甚至未來在人工智慧，如果說不是用真人，在保護兒少的部分，可以適用《兒童及少年性剝削防制條例》。特別在《刑法》第235條，散播猥褻物品，也增訂《刑法》二十八章之一，妨害性隱私及不實性影像罪，即使是電腦合成對人造成侵害，這些性影像都必須強制下架，以保護被害人。

Chapter 6

AI世代性別圖像

王淑芬

進入AI世代，我們的性平圖像會不會就有所不同？

不可否認臺灣目前在全球的性平指數是前十大國家，臺灣也是名列全亞洲第一，但是如果我們仔細地去審視，形塑我們社會文化氛圍最重要的一個載具，就是媒體跟網路內容的時候，我們還是可以隨處可見性別歧視的現象，所以每年都還是不厭其煩地跟大家提醒說明，尤其臺灣這兩、三年，有非常多相關性別暴力防治的法規在修正，也帶動整體社會的性平意識提升。

從二○二二年六月立法施行的《跟蹤騷擾防治法》，到二○二三年初針對性影像進行四法連修，包括《刑法》、《性侵害犯罪防治法》、《兒童及少年性剝削防制條例》，還有《犯罪被害人權益保障法》，以及二○二三年七月底因#MeToo運動帶起了性平三法的修訂，然後還有二○二三年十二月可能被大家忽略的《家庭暴力防治法》的修法，將保護令增加一條性影像交付移除的款項，立法院也正在進行《兒童及少年性剝削防制條例》的再次修法，都是為了因應近期的社會新聞事件，希望加重持有兒少性影像的刑責及增加犯罪樣態。

正因為我們是一個民主政治的國家，所以我們因應社會需求的速度非常的快，我們的法律不斷地在前進，但是我們的人民是不是也能夠跟著前進，我想這幾次的新聞事件帶給我們最大的學習，就是讓我們做了一個免費的全民教育，讓我們知道說光持有兒少性影像都是犯罪。

但是大家知道嗎，無正當理由持有兒少性影像早在二○○七年就已經入法，只是現在才被大家意識到說，但我們一直認為如果只有法律的知識還是不足的，我們一定要更深入地讓民眾能夠內化到說，他能夠去理解，能夠去認同這樣的性平意識與性平態度，如此

Chapter 6　AI世代性別圖像

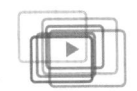

真正的行為才能夠被改變。

在媒體跟網路內容的性別歧視現象，我們談性平不免要先看一下國際婦女的人權公約，《消除對婦女一切形式歧視公約》（CEDAW）已經國內法化了，臺灣其實不是聯合國的締約國，但是我們也一樣要遵守國際公約，作為我們法律參照的最高標準。

CEDAW就是終止對婦女一切形式歧視的公約，在針對媒體的規範裏面，其實早在三十年前，一九九二年就已經在第十九號建議書裏面有特別提到應該要採取有效的措施，來確保跟促進新聞媒體要尊重婦女，但當時寫得非常簡略，一直到二十五年後，在二○一七年第三十五號的建議書去補充第十九號建議書裏面，鼓勵媒體消除對婦女歧視的有效措施，以及避免對婦女人權維護者惡意或有歧視呈現的描述。

有效措施包括：鼓勵媒體組織建立自律機制、建立評核與報告的標準，以及要有人權組織來監督測試媒體，是不是有依照他的自律準則來執行，而媒體也擴充解釋，包括廣告、網路，以及其他數位環境中產生的任何活動做法跟產出，因此在CEDAW裏面已經很明確地對媒體有所規範，接下來我們來看一下到底什麼叫性別歧視。

性別歧視在我們的社會中無所不在，我們比較容易在媒體跟網路內容看到性別歧視的樣態，包括性化、物化、外貌歧視，及性別暴力的報導亂象等，我們都會在案例當中去說明。當然還有其他的重男輕女、厭女、恐同，或者是性向、單身、單親歧視等，非常多的性別歧視其實一直都在我們的生活當中。

二○一九年女人迷曾經在網路上辦了一個活動「用一句話來說什麼是性別歧視」，我們可以看一下它這邊有對男生的性別歧視跟

對女生的性別歧視，所以大家要理解性別歧視不是只有對單一性別，事實上是每個人都有可能會受害。

男生的一句話性別歧視，認為男性應該要怎麼樣，而你不怎麼樣的時候就會有所謂的歧視，這些都是建置在一個性別刻板印象，僵化不夠彈性包容的一個空間，就是這樣的態度造成了性別歧視。而在女性的部分，除了一般的性別歧視，包含更多性別暴力事件對於女性的迷思，簡報呈現的大概是針對性騷擾的事件會有的性別迷思，常常會覺得說，「女生為什麼沒有反抗」，「被摸一下會怎麼樣」類似這樣的話，你表現得太冷靜，怎麼沒有創傷的反應，或者是你有沒有其他的意圖之類的話。

當然也有學者提到，性別歧視背後的心態就是想要將單一性別工具化，所謂的工具化也是我們常常在講的物化或商品化，把人視為一個工具的時候，就是否定了一個人的主體性，沒有自主的權利，被消音無法發聲，既然是一個物品就容易被取代，可以被侵犯。

我們來舉一些案例，常常在新聞報導當中出現肉便器這個詞，這在日本的AV文化中經常可見，把女性物化為一個工具叫做肉便器。大家可以看一下這樣的一個報導，從二〇一五年就已經出現，這只是我們搜尋到比較早的新聞，如果再往前追溯我相信還是可以找得到，現在二〇二三年都還是持續使用在我們的新聞報導裏面。大家知道肉便器在日本來講它就是所謂的馬桶，馬桶就是一個工具、一個物品，它只要是一個物品，沒有所謂人的自主權跟主體性，它就只是被動地被使用，無法發聲。而肉便器是肉做的馬桶，也代表了它是一個人人都可以「上」的器具，它是可被侵犯的，也是可以被取代的。所以肉便器是將女性物化（工具化或商品化）很

Chapter 6　AI世代性別圖像

具體明顯的例子。另外性奴的詞也是,新聞報導也會經常出現,那什麼叫性奴?性的奴隸,奴隸是什麼?奴隸就是一個可被買賣、可被交易的商品。

不管是性奴或者是肉便器,真的是很不雅,明顯具有性別歧視的用語,如果看到有這樣的用詞,我們都會很想要去檢舉,很想要去提醒,儘量少用這樣的名詞,它會有物化女性的結果。至於性化類的報導真的是不勝枚舉,非常非常多,你只要看到有關女性的新聞,就會很容易看到這樣的報導,會將女人等同於性,會特別去強調她的性特徵,包括胸部、乳房、臀部,不管是照片或文字,都有這樣的呈現。性化的部分就是把女性聯想於性,所以我們看女人就很容易關注到她的性特徵,讓女性自然成為被窺視的性主體和工具,這一類的報導真的非常多,有舉不完的例子。

接下來,我們來看性別暴力的案件,新聞報導的部分,我們自己在搜尋的時候發現,家暴的案件報導標題與內容都有進步,從以前常常會有負面的評論、價值的評論,殺夫的人會被稱為惡婦、悍妻或者是狠妻。但是二〇二三年我們看到國民法官的那個報導家暴的婦女殺了她的先生,媒體都是使用一個比較中性的名詞,叫做受暴婦女或者是妻子,沒有像早期會有再多加一些標籤或者是污名的狀況,也會有更多正向的報導。譬如說如果可以多陪伴,或做些什麼事,或許就不會發生這樣的憾事,這是我們覺得新聞報導有明顯進步的地方。

來看性侵案件,這麼多年下來幾乎都是一樣的,包括過度地報導細節,以及前面所提女性的物化、性化的部分,然後性別的迷思或者是獵奇的標題,都還是大量存在。

報導也會經常看到正妹兩個字,正妹看起來像是一個正向的讚

美語詞，漂亮的年輕女孩。但是當媒體報導一直出現正妹的時候，其實也是一種容貌及年齡的歧視，女性會被大眾習慣地使用容貌、年齡來看待與強調，如果在性侵案件經常出現正妹的用語，會形塑成漂亮年輕的女性容易被性侵害，它也會有這樣的不當連結，某種程度是不是也讓我們有一個迷思，就是會認為你就是漂亮、年輕，所以被性侵害、容易被性侵害。案例中也出現非常多硬上的用語，那個硬上就跟剛剛提到的肉便器有相關性，都是將人視為工具與物品的性別歧視。

舉一些新聞報導的獵奇性文字或過度的描述，我們有看到家暴案件報導的進步，但性侵害案件等與性有關的報導爭議卻始終存在，包括對性侵害被害人的污名標籤、獵奇窺視或者情節的過度描述，以及性別刻板印象都還是持續存在，前面提到的性化或者是帶有性意圖的新聞標題，都是經常出現在媒體報導中，只能不斷地再呼籲，而這幾次的修法，包括之前就已經有的，幾乎所有的性平法規事件的被害人，都是不能夠被揭露，除非是具有行為能力之人本身同意或公益需求之外，不然任何人都不得去揭露這些被害人的姓名、或其他足以辨識身份的資訊，兒少法規也是更是如此，包括行為人如果是兒少也不得揭露。

因為這幾年的修法，衛星公會前一陣子有跟我們諮詢意見，可能在自律準則或者是綱要裏面都要跟著法律同步修正。所以我們新聞報導中，應該要把性影像的被害人也一併納入，因為在《性侵害犯罪防治法》裏面，已經把性影像的被害人納入性侵害被害人的對象，一樣需要提供個人隱私的保護。

另外新聞報導應避免歧視，特別強調性別跟性傾向的歧視，我們希望媒體要依據CEDAW國際公約訂定新聞自律準則與規範，主

Chapter 6　AI世代性別圖像

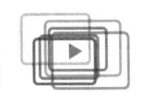

要期待降低二度傷害，善盡被害人的保護，不僅是他律，所有法規都在處理身分揭露的隱私議題，也包括自律部分，即使未被法律嚴格規範，但也應該避免所有的性別歧視的物化，包括前面所提的避免物化、性化、複製刻板印象、標籤與污名等。

　　比較麻煩的是，我們知道平面報紙或者是電視廣播都已經有自律規範，畢竟有政府對執照的管制，多數都能確實遵守，但是網路新聞與網路內容是沒有規範的，有非常大的漏洞，非常多的案例也幾乎都是網路的新聞，這個部分一直是我們最困難去要求自律與管制的地方，最終還是要回到我們每個社會大眾都需要建立媒體識讀的能力，透過全民才能鼓勵優質新聞走向，抑制不良媒體，期盼我們都能更有意識去觀看、去抵制，成為媒體的主人，而不被媒體所宰制。

實務篇

Chapter 7

平等與媒介守門

張立

網路媒體目前遇到的問題，是標題。筆者剛進《聯合報》當編輯的時候，標題是搶劫案，後來抓到，被逮捕了，所以報導誰被逮捕，後來被退回，原因要加上涉嫌兩個字。

　　在紙本媒體的時候，對這些尺度的要求非常嚴格，但是進入網路以後，這件事情就變得很特別，因為這尺度變得很不好拿捏。舉例說，「正妹」怎樣的，大家一定有經驗，在小吃店吃麵的時候，老闆都說「欸帥哥」，然後所有的人都回頭，「美女」點什麼，變成一個網路很習慣的用語。

　　我們確實常常用正妹這個詞，不論正不正都會出現這個詞。當有一個小孩是送貨受傷，媽媽趕去看他，網路標題就出現孝子，確實他孝不孝一點都不知道，這就是網路現在遇到的麻煩。

　　我們有責任，但是我們已經在努力去導正。譬如說常常會強調身材，標題可爭取較大的流量，這對於網路媒體來說，是原罪。可是最近出現了一些事情，我們有一個粉團被臉書紅標，紅標的意思是被警告，先是黃標後來就是紅標，這有點像足球那樣子，然後它會降低你的觸及率，一段時間以後才能慢慢恢復，後來FB這樣做了以後，會讓我們非常有警惕。

　　Google也這樣，就是說如果有不雅的用詞，被搜尋到的程度會降低，然後包括社群媒體、主流的搜尋媒體，都能夠一起加入，效果會好很多。新聞運用插畫，其實我們一直很想做，但實務上遇到的狀況是，所有這些案件都沒有照片，於是媒體就用很多資料照片，那些資料照片，會不斷地重複被使用，一搜什麼案件，便出現同樣的資料照片。

　　我們也想用畫的，但是為什麼沒有用畫？手繪很好看很有質感，但是它太貴了，牽扯成本考量。每天類似的案件，如果都去畫

Chapter 7　平等與媒介守門

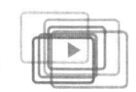

一幅，成本很高，於是出現另外一個解決之道，就是AI。AI畫圖，讓我們有一點點開心，因為成本降低，然後可以依我們的意志去畫出更好的圖。但也有其他問題，包括AI可能去偷了別人的圖像，我們卻不知道，這是一個現在遇到的問題。

回歸到法律，提到性平三法，今年三月份，《性別平等工作法》、《性別平等教育法》、《性騷擾防治法》其實都還在修正。我們編輯台會放著相關法律，桌上有十四條法案，每一個事情都可能讓我們觸法。

舉一個案例，士院庭長被控吸書記官胸部，如果在以前的紙本時代，標題是不雅的，現在格調稍微差了一點，但卻是現在的主流。後來我們做一些修正，為這個案子進行討論。這位士林地院的庭長，他被控在陽明山上猥褻女書記官，他自己否認，說如果有的話全家性命都抵上。但是這個人有不良紀錄，所以當時我們討論，是否揭露庭長的姓名，他是壞人所以應該讓他出來；問題是他的身分曝光，很可能造成其他人的被辨識，這是我們主要的考量。所以加害者的姓名身分是否要揭露，不是要保障有犯罪行為人，而是去保護受害者。

第二個案例是國安局一個特勤中心少將，在路邊強吻一名女士，這麼大的少將、做出不雅的動作，當時取得影片，有其他媒體已經報導出來，而且可以清楚辨識。不瞞大家，我們很認真地去看影片，一點一點看，看那一名被強吻的女性動作，到底是不是自願，還是有一些反抗，這是判準之一。但真正最顧慮的是，她是一個受害者，開始這個影片上架網路是全部都看得到，包括男生女生，後來又下架，將女性的部分打馬，這部分主要是在保護受害者。

勞動部要求應考第二關考試，需要做引體向上三十下，那這個工作好像跟引體向上無關，因為不需要爬變電設備。有人申訴，告這個案子有性別歧視。我們關心的是，媒體的工作是二十四小時，有半夜的工作，半夜的工作到底適不適合女性，這件事情對我們有一些困擾，應該是說我們很想保護女性的同事，那個上班時間在十一點、十二點半夜，時間其實真的是不恰當。像《聯合報》目前在汐止，如果坐公車還好就很近，如果坐火車，走路要十幾分鐘，那一段其實蠻黑的，這是在保護女性，可是應徵的時候，因為女性不能做夜班，我們夜班找不到人，這到底有沒有爭議？

一個遊戲網站，最近在討論兒少虛擬人物的二次元影像，討論得非常熱烈，其中有圖像被下架，引起非常多網友、同溫層動漫年輕人，對此有非常多的意見，於是在網路的倡議平台，提出建議，要求衛福部應該要提出五項行動，來證明說兒少的虛擬影像會造成不良的影響。

另一案例是報導遊戲，遊戲裏有很多日本的圖案，就被檢舉，主角穿得太少，問題不大，問題是繪出的角色未滿十八歲。我們對這件事情有很多討論，因為如何認定角色達十八歲，所以就變成以後出現所畫的角色，最好幫他加點魚尾紋，或者在內容就註明說，這個角色年齡已經二十歲。實務法界已經認定，虛擬跟真實其實一樣，可是虛擬的只要去註明，這一個娃娃已經成年了，這樣就可以嗎？這個標準很難判斷。

AI時代，所有的東西都可能變成了一個假的圖像，不管是真的、假的圖像，都會遇到這樣的問題，到底是不是違法？到底什麼樣是違法？衛福部是《兒童及少年性剝削防制條例》的主管機關，動漫產業的發展並非衛福部的權責，主管機關是數位發展部。

Chapter 7　平等與媒介守門

　　時代一直往前推,會產生很多狀況不明的情況,法條可能沒有跟上,限制到底什麼狀況是違法。其實我們非常願意守法,但很多案例是不明狀況下被罰,我們非常期待在法的修正上更明確,我們非常願意讓媒體能夠盡一己之力。

Chapter 8

AI與新聞媒體

楊海蘭

AI是一個已經發展非常久的領域，最近特別火紅，ChatGPT的出現，感覺大家會覺得AI已經邁進了另外的一個階段，這已經是一個全民都可以去使用的一個算產品嗎？

　　可以肯定的是，AI勢必對媒體環境、產製、新聞產製產生非常多影響。以新媒體網路媒體來說，對AI非常關注。本文將分享AI對我們的新聞產製造成什麼樣的影響？新聞媒體在面對AI世代時，要面對什麼樣風險？或是它需要做一些什麼事情，來降低風險？

　　AI是所謂的人工智慧，範圍其實是非常大，現在非常紅的生成式AI，其實只是人工智慧的其中一支而已，主要是用於創造型的工作，名字叫生成式，做的是創造式的工作。創造什麼呢？它可能包括創造文章，或是創造影像，創造音樂，創造圖像等等，就是各式各樣的內容。

　　生成式AI是透過大量學習相關數據，藉著學習，可以生成跟原本它學習的數據生成類似的一個新的數據，這裏所謂的數據並不是只說一二三四這種，就是這種數字，因為譬如ChatGPT它生成是文字，所以它學習的數據其實就是文字；如果叫midjourney，生成的是圖像；學習的數據庫，其實就是圖像。不管生成有什麼，所謂生成式AI並非無中生有。就像我們從小到大學了很多的文字之後，才能夠自己寫作文出來，不會無中生有。其實是透過了大量的學習之後，才會產生出這些新的一些內容。

　　生成式AI可以做什麼呢？大家最熟悉的應該是像ChatGPT，ChatGPT發展一日千里。譬如說我們在開會的時候，可能一個禮拜前先做好簡報PowerPoint，那後來跟過一個禮拜之後，它已經換代了，發展非常快。ChatGPT已經是3.5了，3.5是免費的，我們現在用的是4，因為4是付費的。之前用ChatGPT3.5，錯誤率滿高的，付費

Chapter 8　AI與新聞媒體

之後，就發現4的改善程度。

　　除了OpenAI、ChatGPT，微軟Copilot，或Google的Journeys，都是文本生成的生成式AI；影像都有聽過就是Midjourney。Midjourney這個生成式AI的出現，創造一個新工作職稱叫做詠唱師。以前要產生圖像，可能是美編執行、繪畫師或是設計人員。目前影像生成，是用文字方式，會給AI下指令：一隻跑得很快的小狗，然後小狗的毛要是什麼顏色等等，所以像這樣子的工作我們稱之為詠唱。現在要影像生成時，做的是一個詠唱的工作，就是我告訴你我想要什麼。只要文字輸入，甚至可以告訴它要什麼風格，就可以透過文字的輸入然後生出影像。

　　另外像Suno，是音樂的生成，也就是說做詞做曲，甚至可以不要會或看懂五線譜，音痴也沒有關係，因為是透過就是文字輸入，它可以直接就是做一首歌出來。我們之前內部實驗，很多歌還不錯聽，它也可以幫忙填寫歌詞。

　　影片生成是最為驚艷的，因為Sora影片生成，還沒有開放讓大眾使用，但是可以想像就是，告訴AI要什麼圖像，它可以畫出很多我們畫不出來的內容。

　　影片生成更厲害的是，告訴它要一段什麼劇情，如想像發生了一個地震，那告訴它地震的情形是怎麼樣，在蘇花公路有兩輛車，逃過了落石，用這樣了的方式敘述，AI可以生成一個影片，而且栩栩如生，雖然仍可找出破綻。

　　語音生成，像lyrebird，有人警告說，接到詐騙的電話的時候不要說太多話，因為它可能錄聲音之後，再用AI去轉換成詐騙的內容，到時候可能去騙你的親友；或是設計的生成，它可以幫你生成設計圖等等，這些都是生成式AI。

我們現在看到的新聞，跟生成式AI有什麼關係呢？其實都可以應用到目前新聞內容的產製，例如文字，已經可以用ChatGPT寫報告，以文字來說的話，已經應用普遍，但還是有不可避免的錯誤。

圖片跟照片，在繪圖時，有一些題材沒有原始照片，譬如沒有到現場去，或採訪現場不開放，或不適合用照片來呈現，會用後製的圖片或影片呈現。

早在十五年前，《蘋果日報》開始產製動新聞，引起非常大的爭議，因為就是走向擬真的一個效果，原本沒有照片可以呈現的方式，都用圖片或是動畫的方式來表現。現在回頭去看動新聞，會覺得還滿粗糙的，即使是那樣子的圖片或是影片，其實都花費非常大的人力跟時間，投資的成本非常大。有了生成式AI後，大家都可以做。

例如想要在家裏掛一幅畫，以前可能要去買，自己也畫不出來，可是現在只要會敘述，可以慢慢地去修，讓AI來畫圖，所以這些在新聞的應用上是可行的。現在不需要美編花三個小時去畫一張很複雜的現場圖，只要透過詠唱，讓AI來生成這幅圖，理論上可以做到，只是要不要用的問題。

除了圖片、影片外，新聞的背後還有非常多的工作，現在AI已經開始輔助。例如說企劃，ChatGPT可能幫助生成一段文字、一段新聞稿，非常好用，就是企劃的工作。如要寫一份關於AI時代性平圖像的報告，先使用AI整理出綱要，再自行取捨判斷，進行修整或增補，讓內容更細緻化。

媒體說業務部門有了生成式AI之後，可以使用輔助構思企劃方向；再來字幕，風傳媒也有影音，影音字幕已經是可以交給AI來處理。以前打字幕非常費工費時，現在可以直接交給AI來處理。翻譯

Chapter 8　AI與新聞媒體

也可經由AI幫忙處理。

　　但是要不要用？其實有不同考量。舉例而言，一家財經媒體，主要進行台股、美股的財經新聞，叫做《財報狗》，內容全數利用AI來製作，每天總共用六支API跟兩道人工程序來進行。所謂API，是指在生成內容的時候，並不是把內容直接丟給ChatGPT，就會生成你想要的內容，因為每一家想要的風格不一樣，然後格式可能也不一樣。在訓練術語上叫做調教，必須要把它調成就是，這一支是專門是為我服務的。例如，《蘋果日報》的內容跟《聯合報》的內容，一定不一樣，走向也不一樣，所以必須要去調教這個AI。

　　《財報狗》利用六支訓練過的API，每天從三千到五千種的文章中，精選成五十個主題，然後經由人工程序，由人工再來選說哪一些是要做的，選定了之後再交給AI，用AI直接去處理文字。有些新聞有固定格式，因為財經新聞有一些，例如說股市的相關的新聞，其實是有固定的格式，所以可以看到，圖像用Midjourney做，會有一隻狗是因為媒體名稱就叫《財報狗》，所以每一幅照片都會有一隻狗，交給AI寫出內容再經過　道人工的審訪的程序，就可以上架。不管是內容配圖等等的話，看起來都還滿fancy。

　　生成式AI到底是為誰服務？《財報狗》是非常可愛的一個圖像，其實是在講財經，他有可愛的狗的圖像。但是，《壹蘋新聞網》，以羽球女教練與小鮮肉硬討然後判囚為例，這個風格是AI的生成的示意圖，風格有所不同。

　　科技始終是來自於人性，在考量說使用AI，會考慮的問題是，AI是不是會複製人類的偏見，答案絕對是會的。AI產製內容，是透過大量的學習，習得怎樣去產製這些內容，如果原有的這些數據庫，不管是文字或是標題或是圖像，原本就是充滿了偏見、充滿了

89

歧視，那AI產製出來的東西，就會複製偏見、歧視。

　　並不是到了AI時代，就是一個世界太平的時代。目前AI走向還是受到人類的影響，希望我們在使用AI時，能夠避免。

　　我們要做什麼事情？對於受眾來說，看到這些相關內容，要保持一個懷疑的心態，因為有時候可能是刻意做假，也有可能出錯；但沒有看出來，或是交給AI來處理，就有風險。

　　所以善盡查證，才有機會獲得比較正確的訊息，或是當中可能有讓人懷疑之處，就再去查證。使用者方面，希望能夠負責任地使用AI工具，現在比較大型的媒體，應該都有標示是AI產製。但是當這樣的工具，擴散到全民都可以使用，是不是還有明顯的一個區別，就是一些是AI、一些不是AI產製，其實也很難說。

　　AI時代可能現在才剛開始，未來會繼續走下去，隨著時代發展，相關缺失也可能有所調整或改變。

Chapter 9

媒體與性別

周佩虹

從過去「傳統媒體時代」到「網路媒體時代」，到現在所謂的「AI時代」，基本上是一個工具的不同、平臺的不同。其實內容跟所謂的初衷、出發點是一樣的。今天就從媒體粗淺的角度來看性別平權新聞事件中，媒體所遇到的一些狀況。

過去電視臺看重的是收視率，後來到了網路媒體變成流量，有時候是一些所謂蛋生雞、雞生蛋的問題。我們先從啦啦隊來看所呈現出來的性別意識。大家或許知道，其實在啦啦隊的歷史中，一開始是由男生所組成。

也就在一八〇〇年代開始有美式足球，當時啦啦隊都是男生，啦啦隊要鼓舞士氣，會有一些口號。後來演變成所謂的競技啦啦隊。競技啦啦隊其實就很像我們所知道的李棠華特技團，需要熟練的特技、功夫。之後出現在韓國的一些運動如棒球、籃球開始有所謂的應援文化。

應援團到底是什麼？就是藉著舞蹈、口號、道具，在比賽場邊，特別是球賽中間休息的時段，因為不能冷場，就開始有啦啦隊的一些應援的表演演出。臺灣就跟著也開始。

令人好奇的是，為什麼媒體報導啦啦隊，都只能報導他們的身材，報導他們的感情世界，那到底啦啦隊有沒有專業？以近來的啦啦隊員林襄、李多慧，或從臺灣到韓國去發展的壯壯為例，以前我們要從韓國、日本找來這些啦啦隊員，現在是我們自己的也可以發展到國外。

然而在Google打出「啦啦隊」關鍵字搜尋，頭兩則就是講述身材之類的新聞。或使用Google找「壯壯」關鍵字，就會看到現在新聞標題很喜歡用所謂的「解放內衣」或者講她們的身材。我們來找找是否有報導啦啦隊員專業的新聞，結果也幾乎沒有。

Chapter 9　媒體與性別

　　為什麼報導啦啦隊都要寫這些？我來舉個例子，在ETtoday內部資料中，從三月一號到四月三十號全網流量，如果輸入啦啦隊搜尋，前十五則流量點閱率的呈現，最好的第一則有十四萬的點擊率，但從頭到尾看下來幾乎都不是在講啦啦隊的專業，例如專業能力、表現、跳槽，或者工作的動態，幾乎沒有；而且撰稿者都不是體育中心的記者。

　　啦啦隊都在球場上，可是寫的不是體育記者，都是影劇娛樂或者是所謂的網搜編輯。體育中心記者寫的稿子，標題有明顯不同，流量也有明顯的不同。並不是體育中心的記者不發稿，但他基於專業，寫的一定是球場、球團的表現，可是標題或者是就流量點擊率來講，沒有辦法超越那個娛樂中心，娛樂中心寫的就是會比較有點擊率。你叫體育記者去寫那娛樂中心的標題，體育記者也沒辦法寫出來。

　　所謂的身材話題是否超過專業？這不是只有在報導本身，記者自己也出現拉扯跟矛盾。一般人在看之後，能不能知道用手指頭點擊去支持，或者在看網路上各個新聞，能不能去做出稍微正確一點的選擇；也給比較專業的記者報導，較正面的鼓勵跟激勵，我覺得這個是必要的。

　　並不是媒體要推卸責任，媒體裏面很多的記者，也面臨每天在點擊率跟所謂自己的原則進行取捨。比如說沒有人想要寫類似這樣的東西，可是也許因為點擊、因為長官的要求「別家都寫那個標題，明明這一則行為，為什麼別家都寫露奶，為什麼不把露奶放在標題裏？」我相信有閱聽人的監督和支持是可以帶出正向的影響。

　　再來看黃子佼事件，除了本人之外，另外一個當事人就是他的太太孟耿如。在此新聞事件中所賦予的性別角色期待，我想分享，

當名人的另一半如果遇到爭議的時候，要怎麼去表態？

我們來看一下孟耿如的事件，近年來發生的#MeToo事件牽扯到很多藝人，比如NONO也在此事件中。最近有看到媒體報導他的妻子朱海君還跟著一起去拜拜，但網友批評NONO根本不是懺悔，就是去拜拜然後希望改運，並不是去拜拜表示說我做錯了，然後尋求原諒。

而黃子佼的太太孟耿如在整個事件過程，從二〇二三年一開始發生，她發聲明不放棄另一半，但到後來爆發了黃子佼購買未成年的影片。她最後講到說這是她的選擇，因為她也有責任。可是她嫁到這樣的老公，對她來講到底是不是她的責任？那為什麼她會覺得說是她的責任？所以有一則新聞就這樣寫，標題下說「臺灣演藝圈#MeToo連環爆了之後，為什麼每一個老婆都是這麼的高包容力，幾乎都力挺另一半？」

其實在政治圈，我們也有看到很多的政治人物出事之後，老婆也是力挺，過去行政院長張俊雄有大老婆、小老婆，為了選舉，當眾跪下然後剃光頭，表示他對這些事情的愧疚。當時大老婆站在旁邊力挺。有許多例子都是如此，很多政治人物的老婆在發生事情後，都會出來表態願意原諒，幫助另一半度過風波。

不過最近有一個特例，就是國民黨立委徐巧芯，她夫家涉及詐騙事件，但她第一時間說如果老公有涉嫌詐騙，她就要離婚。

網友的反應有時候真的很難理解，有些網友會批評那些老婆一直力挺做錯事的老公，為什麼不離婚？比如說現在網路上很多人都覺得孟耿如為什麼不離婚？朱海君為什麼不離婚？但是徐巧芯這樣講的時候，又有網友覺得說「你也切割得太快了吧？」

我們可以發現，大多時候，網友發言並不是出於公平公正或者

Chapter 9　媒體與性別

是有正義真理的原則,而是用看八卦的心情去評論這些事情。因此,我們要自我提醒的是,我們要怎麼樣去避免成為推波助瀾者。

社群留言跟媒體報導會變成規律強大的核彈,媒體報導的內容,現在媒體報導需要量大,不像電視、報紙有限制。過去媒體新聞太多條,編輯臺未必都刊載;但是網路不一樣,比如說黃子佼的事件,可能當天一個事件發生之後至少上百則,報導內容會來自各方面,而社群的留言就變成媒體報導取材的一個重點。

所以筆者要提醒大家,也許你覺得你只是在某人的臉書底下留言,或者是IG底下去回應,或者只是在某個粉專去表達自己的一個立場跟意見,但是當沒有那麼多的真理的原則,留言都會流於情感、流於情緒。這些情緒化的留言其實是「覆水難收」,說出去了、寫出去了,雖然可以刪除,但是現在截圖的速度很快。希望大家在鍵盤輸入後,準備要按輸出Enter時,真的要三思,因為所有未來都將變成所謂的媒體上面的呈堂證供。

比如像孟耿如事件,就會有很多的不同的意見,大家好像都很理性、很公正,然後給她一些意見,但是其實我們都不是當事人,所講的這些到底是對當事人是好?還是只是自己出於一些情緒性的留言?

如果在網路事件裏面都覺得好像隔著一個螢幕、他人看不到,可以隨心所欲大放厥詞;卻不知道,其實我們無形中都成了傷害者,最後筆者要期許在網路事件的我們,未來都可以是一個有正義又良善的人。

Chapter 10

AI世代性平新聞

王己由

近年性別的新聞其實進步的空間很大，以下將從實例說明。

回想一下二〇一二年，那時候臺灣有發生李宗瑞的事件，李偷拍了很多性愛片並散布。事實上在李宗瑞之前，更早有香港的那些陳冠希的豔照門事件。那為什麼要出這個例子？因為在當時李宗瑞被散布出去那很多都是惡性影像，可是我們當時法律只能用《刑法》的妨害秘密罪處理。

妨害秘密罪，可以從我們所稱的偷拍來說明，大家如果現在在捷運搭車最怕是什麼？就是靠近你然後拿著攝影機拍你的裙下風光，就是所謂的偷拍，偷拍這種行為的處罰非常輕。

隨著時代的進步，目前《刑法》的性影像罪，從二〇二三年才開始有所謂的防害性隱私及不實性影像罪，可以規範這些行為。那現在比較麻煩的就是AI的生成技術，所謂的小米條款，就是把一些名人像政治人物包括所謂黃捷、甚至蔡總統、高嘉瑜的影像跟A片合成，媒體碰到這些新聞的時候怎麼辦？

就平面媒體立場，我們可能比較倖免。因為文字記者發稿，經過我們審稿的程序。文字記者採訪到的影像文字，經過編審把關階段才進入發布階段。

科技改變快於修法，媒體編審需要與時俱進。與時俱進，重要來自他律，就像包括閱聽大眾的媒體意識、媒體識讀，或者權力意識，當民眾的意識提高之後媒體就會有壓力。

媒體最怕什麼？最怕就是被處罰，當這種他律力量提出檢舉，對媒體來講產生的壓力就非常大。以江宏傑和福原愛離婚事件為例，離婚牽涉到小孩的監護權。《兒童及少年福利與權益保障法》有一條叫做「梧桐妹條款」，那就是在該法裏面有規定到凡是你在報導侵權事件涉及未成年子女的時候，你不能夠揭露他身分資訊，

Chapter 10　AI世代性平新聞

藝人賈靜雯當初跟前夫在爭奪女兒的監護權,條款規定媒體在報導有關兒少侵權新聞的時候不能夠曝光當事人的資訊。

所以江宏傑的新聞出來之後,當時媒體就想得很聰明,就想說被扶養拜訪的親人帶到日本去了,不說帶小孩去日本,說帶親人去日本去了。事實上後來我們相關計畫審查的時候,也知道帶著親人就是帶著小孩,但是其實就侵犯到梧桐妹條款,就開罰了。

任何一切的開罰都會促成媒體的進步。民眾當然知道自己權力在哪裏,就會促起媒體的進步。媒體工作三十幾年,筆者很清楚媒體的自律都是靠他律。

所謂的性平新聞有性侵害、性騷擾、《刑法》性影像三大塊。新聞通常除了性霸凌以外,因為性霸凌大部分兒少比較多,那其中相關《兒童及少年福利與權益保障法》也會規定。

1. 性侵害新聞按照法院規定在《刑法》妨害性自主罪,常聽到的強制性交、乘機性交、猥褻等等都是屬於性侵害類的新聞。
2. 性騷擾罪就是性侵害犯罪以外,對他人違反意願跟性別有關的行為。簡單來講,有人摸你一下,然後你不要觸碰到你的臀部、腰部、肩膀、胸部等等。這些只要讓當事人有不舒服的行為那就是性騷擾。另外還有傳講黃色笑話,傳閱一些猥褻的影音、圖片。
3. 所謂的性騷擾,最重要前提必須是造成當事人有不舒服的感覺,如果當事人說他沒有感到不舒服,那可能就不會構成了。那就是在這個法律的要件。性影像部分,之前黃子佼購買未成年的性影像,歸屬在兒少性剝削。

先知道法律定義，媒體才會遵守。這些性平新聞在報導的時候，最重要的都不能夠記載被害者的姓名或足資識別身分的資訊。不記載姓名就是不報導當事人的姓名；最麻煩的是在足資識別身分的資訊。有時候媒體不寫名字、卻用一些影射性的、暗示性的資訊，讓你知道當事人是誰。

　　所謂的足資識別身分的部分，有滿多的操作技巧在裏面。舉例而言，比方說文化大學發生了一個性侵害新聞，大家不寫是哪個大學，寫陽明山上最高學府，這樣大家就知道是誰了。或者是寫臺北市大安區的最高學府，大家知道就在說臺大等等。當初在南投一個高中發生一個所謂的性侵害新聞，報導說有一個高一男學生的爸爸是警察，他性侵班上女同學，但是學校同學迫於這個加害人家的權勢，不敢處理。媒體沒有報導出哪個學校，僅寫南投一所公立高中爆發如何如何，但是那個地方只有一所公立高中，大家也知道是哪裏。

　　有時候媒體的記者希望呈現自己是獨家，便在報導中展現出，然後說這個店裏面的唯一店員被人家性侵害，你寫唯一店員，即便你沒有寫出他是誰，但是假如寫出來然後新東陽武昌店唯一的女店員被性侵了，唯一女店員只有一個人，對不對？不寫名字人家也知道是誰。所以說這個足資識別身分，它有規範高、落實不易的難題。

　　媒體常常有些正義感，所謂的親人的性侵害或者是師長的性侵害，就講所謂的獸父、狼師來形容，這種價值判斷不應該。但是像媒體這樣子然後你要把名字公布出來，你性侵女兒太可惡了，但事實上對不起，這已經構成了足資識別身分的資訊，為什麼？沒有寫被害人，但披露加害人，因為加害人跟被害人有親屬關係，寫出了

Chapter 10　AI世代性平新聞

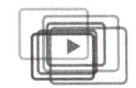

爸爸是誰，即便不寫小孩，寫爸爸也知道是誰。老師性侵女學生，沒有寫出女學生，但寫老師也是一樣。又如近期北部某國立大學法律系什麼教授性侵事件，雖然沒有寫出哪一個大學，只寫說檢察官指揮三峽分局去偵辦，指揮三峽分局，大家都知道就是臺北大學。所以我們在把關的時候，就要注意這些相關的資訊，有沒有可能不小心就露出足以識別被害人身分的資訊。

另外，規定學校或工作場所不能刊登出來，先去拍他家大樓的外觀，現在Google很厲害，大樓外觀用街景搜尋，也可以猜出來是誰。還有就讀的學校你去拍學校圍牆，萬一拍學校大樓是一個像山洞出名的學校，大家又知道是哪個學校對不對？類似這種情況下，然後這種事情，或者說沒有拍學校，但有個教堂在校園，中部的人都知道在哪。所以拍外觀的圖片，現在要多一道程序全部要霧化或打馬賽克。

法律是最低的道德標準，我們媒體報導只要符合法律。一般的細節基本性侵害來講，有例外的規定，政府機關裏面只有檢察官發言人才可以公布被害的資訊，還有再來就是主管機關，目的事業主管機關是衛福部。

當事人同意又另當別論，當事人同意可以刊登的案例。一個受虐的婦女講她的故事，編審需要確認受訪當事人說性侵害的部分，經由當事人同意刊登。又受訪者曾經受虐半生，後來事業有成就捐錢來疼惜婦幼。當事人現身見證，主要的目的不是要想到性侵害的過程，只是回溯這個成長的經歷。

再舉作家林奕含這個作家之死房思琪案例，房思琪的故事促使社會注意到補習班老師的問題。當時林奕含事件出來的時候可不可以寫她名字？事實上她爸爸媽媽早就同意，可是那時候我們沒有辦

法刊登，當時政府會因此開罰，可是這個又公義性以外，然後另外她家長她的父母也同意。主管機關衛福部同意林奕含事件不需要去隱藏被害者的資訊，這也是第一次有公家機關出來針對這種所謂的性侵害新聞出來的時候可以刊登，揭露被害的身分資訊。臺北市的觀傳局也同意可以公布，臺南市社會局要求媒體去姓名才引發網路論戰。

再來，性騷擾犯罪跟性影像犯罪也是一樣，都是一個具有行為的犯意。相關事件都有犯罪審查機關。性影像犯罪也是以檢察官或法官等司法機關說詞為主。只有性侵犯罪另外多一個規定，被害人死亡時間。揭露被害人的資訊，前提是經過被害人同意。又如公眾人物周圍的人發生的事件，臺北市副市長林奕華在擔任立委期間的辦公室主任發生性侵事件，雖然沒有寫出被害人，他性侵在辦公室裏的女職工。類似新聞報導會以某立委辦公室主任的性侵事件呈現，未必需要揭露其具體身分。

性平新聞來講，誰有權力可以公布？只有司法機關，其他政府的機關不可以。監察院二〇二四年三月七日發布新聞稿，揭發臺版的龍虎案有關南投竹山的國小校長涉嫌性侵害，因為這種方式已經把被害人身分資訊的曝光。被害人就讀學校大安國小，加害人對被害人的關係是校長性侵害女學生。媒體編審過程，未必因為由公部門發的新聞稿，就全文照刊。不能說因為這是監察院發的新聞稿，還涉及相關新聞法規，要特別小心。所謂性平意識，保護被害人隱私部分，其實公部門更要努力。很多的公家機關根本完全沒有這種性平意識。

避免揭露過多的資訊。例子就是人數少，有時候不刊登有些姓氏，就像剛剛講的三峽某大學，三峽法律系張姓教授，後來連姓氏

Chapter 10　AI世代性平新聞

都不揭露。北部國立大學法律系有臺大、政大、臺北大學，如果把它寫出來，那個「張」說不定人家能猜出來。有時民代開記者會揭發或陳述應該是有憑有據，但如果民代沒有經過當事人同意的話，民代出來這樣揭發，媒體也不能報導出來受害者相關資訊。有時候性侵害案件涉及外籍人士，臺灣能做的同樣是保護，無論是本土或外國都要保護。

再來就是偷拍，偷拍就是不要刊登，即便馬賽克也不要刊登。雖然大家會好奇，買的片子是什麼？經過編審不予處理，可避免助長一些效仿行徑。

Chapter 11

電視新聞的性別議題觀察

王若庭

- 新聞的性平概念概論
- 新聞的性平法規與自律守則
- 新聞倡議性平概念舉例
- 新聞監督公眾人物性平發言
- 檢視新聞畫面當中的性平元素
- 新聞的性平議題觀察小結

一、新聞的性平概念概論

性別平等這個議題在媒體上的展現可以分成兩個面向，一是新聞本身隱含的性平問題，第二個是媒體播出性平相關新聞。第二個面向的部分，在現階段倡議性平議題的年代，基本上已經較少出現赤裸裸性別歧視或與性別平等背道而馳的新聞，相反地，反倒是倡議性平精神以及譴責違反性平方向的新聞居多，在稍後的文章中會一一舉例。

至於第一個面向所提到的，是否在新聞內容文字甚或是新聞畫面中，出現性別歧視或性別刻板印象等內容的新聞，也必須說隨著時代的進步，兩性關係愈來愈趨於正常化的今日，已經很少再出現性別歧視或違反性別多元的新聞內容，但無法說完全沒有，在不經意的一個畫面，或是一句文字，仍有可能透露出傳統的父權思想或是刻板性別印象，因此對電視新聞媒體來說，全面內化性別平等意識仍有努力的空間。

二、新聞的性平法規與自律守則

在細看性平相關新聞案例之前，我們要先來看性平相關法規的精神到底為何，落實到新聞當中又是要如何體現？另外媒體新聞自律守則當中是否也有性別平等的自律規定？首先在行政院性別平等會所列入的性平相關法律，在基礎精神當中，最與媒體報導有關

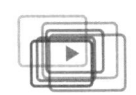

的，便是《性別平等教育法》、《性別平等工作法》、《消除對婦女一切歧視公約施行法》，這三個法令當中所揭櫫的性別平等精神，都是源自於《憲法》第七條：「中華民國人民，無分男女、宗教、種族、階級、黨派，在法律上一律平等。」最重要的便是要消除性別歧視、促進性別地位實質平等，另外也應維護人格尊嚴。在基於以上法令精神之下來檢視新聞報導，便產生了新聞自律法規當中的性平守則。

其中NCC便有以下重要指導原則：廣電媒體製播涉及性別相關內容指導原則（詳見**附件**），另外中華民國衛星廣播電視事業商業同業公會所訂立的《新聞自律執行綱要》也內涵性平的精神及新聞規範（詳見http://www.stba.org.tw/news.aspx?id=20160909155752&dd=20231113124339），在這些規範守則當中或許不盡完整，但卻已經代表媒體新聞對性別平等的精神已經愈來愈重視，並且成為現今重要製播守則，媒體不再下意識甚或無意識地呈現出性別不平等的報導內容，反倒會格外注意報導中是否有體現性平精神！這應該可以說是媒體跨出的一大步，也是媒體身為社會公器的一項重要社會責任。

三、新聞倡議性平概念舉例

以下我們就先從新聞媒體報導的性平新聞來做檢視，首先來看的便是跨性別議題的報導已經不再是媒體的禁忌，更不會以醜化或是歧視的用語來報導，以二○二三年十月二十七日所舉辦的跨性別遊行，各家新聞媒體報導皆以正面正向的角度來報導，以三立新聞

的報導來看：

> 第五屆臺灣跨性別遊行，主題是「自在同行，走出一段跨性別的路」，期盼打破社會性別二元框架，讓跨性別者更自在活在社會上，主辦單位估算，今年超過五千人參與。（訪問 主持人：來，請舉五）臺灣跨性別遊行二十七號晚上登場，今年邁入第五屆在西門町紅樓廣場，不但有主舞臺表演，還有市集活動，遊行隊伍最前方幾人高舉旗幟從漢中街出發，經過長江街、漢口街最後再回到紅樓廣場（訪問遊行民眾 其實今天就是跨性別遊行，很多人出去都要為自己找藉口理由來裝扮自己，我覺得跨性別遊行很重要，我們讓大家出來了）（訪問遊行民眾 支持跨性別團體包含有些男生，比較想要穿女性服裝上街，這是可以認同的，大家不要有異樣眼光），依照個人喜好特別精心打扮，跟隨隊伍替自己和跨性別群體發聲，沿路有不少民眾大聲支持、加油打氣（訪問 同志諮詢熱線協會理事楚楚 今年集合狀況就已經把整個紅樓廣場都塞爆了，所以人數絕對是超過去年三千人的人數），除了跨性別者，還有來自不同國家以及各行各業的團體，譬如臺灣性平教育協會也響應這次活動，希望在校園裏也能正視跨性別議題（訪問臺灣性別平等教育協會人員 其實大家可以觀察到，社會上或特別是網路上的輿論，對於跨性別會有一些不友善的看法，我們很希望可以透過教育改善這樣的社會氛圍），這次活動更特別邀請荷蘭的二〇二三年國際皇后小姐，盛裝打扮出席一起聲援臺灣跨性別者，今年突破往年人數，五千多人共襄盛舉，期盼打破性別框架。

從這則一分三十秒的新聞當中，不僅倡議了跨越二元框架的性

Chapter 11 電視新聞的性別議題觀察

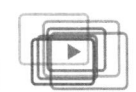

平意識，讓跨性別成為應被尊重的人權，另外也表現了跨性別議題受到社會認同的聲音，它不再是檯面下或部分人認同的小眾議題，而是可以跟大家一樣被尊重，另外最後更強化了跨性別議題應該透過教育再生根！在二十年前甚或十年前，應該都很難在新聞媒體上看到這樣真正落實性平意識的報導。

除了新聞文字內容之外，從新聞畫面來看，也是一個有趣的觀察，記者選擇採訪的對象前兩位都是生理男性但做女性外觀打扮，第一位受訪者甚至有生理女性的性徵，這些都是透過受訪者具體體現性平的精神，也正符合遊行的主題，打破性別二元框架，另外在新聞最後的畫面，更拍攝了一位蓄著鬍子的生理男性以外觀女性打扮與友人擁抱，這個畫面做為結尾其實深深扣人心弦，一個跨性別的擁抱與異性戀之間的擁抱無異，一樣充滿愛與溫暖，在二〇二三年的今日，我想這是一則充分體現性平精神的好新聞！

四、新聞監督公眾人物性平發言

除了好新聞之外，在新聞當中也不可避免會出現不符性平精神的社會言論，而新聞媒體在面對這類社會重要意見領袖的發言時，是因為他的身分選擇認同？抑或是發揮媒體監督的力量，明示出發言的謬誤呢？以下列新聞為例：

1. 坦言當住院醫師時不想跟孕婦一組　柯文哲：請產假值班都我在值（https://news.ltn.com.tw/news/politics/breakingnews/4441465）

109

柯文哲分享自己在醫院工作的經歷，坦言當初在當住院醫師時，他們「抽籤一定不要跟孕婦同一組」，若孕婦請產假，那都是他在值班。柯文哲認為，這是實務的問題，要請產假、育嬰假，一定會受到同儕壓力，產後也很難恢復原職。

2. 柯文哲挨轟沒分攤家務事　陳佩琪護夫槓吳欣岱（https://tw.news.yahoo.com/%E6%9F%AF%E6%96%87%E5%93%B2%E6%8C%A8%E6%89%B9%E6%B2%92%E5%88%86%E6%93%94%E5%AE%B6%E5%8B%99%E4%BA%8B-%E9%99%B3%E4%BD%A9%E7%90%AA%E8%87%89%E6%9B%B8%E5%9B%9E%E6%87%89-140103868.html）

臺灣基進黨臺北市黨部主委吳欣岱日前在網路節目上披露柯文哲過去的仇女言論，並質疑柯文哲甚至不用泡奶粉、換尿布，並感嘆陳佩琪明明是一位優秀的女醫師，鏡頭前的角色卻一直是「柯文哲的太太」，甚至柯文哲的支持者很喜歡「娶妻當娶陳佩琪」的說法。

不過陳佩琪怒嗆吳「家務事不干別人的事」，並稱「夫妻互動，我們之間說了算，沒礙到別人，也沒犯到任何天條」、「我是兒科醫師，我喜歡小孩，小孩出生後，自己泡牛奶，親自幫小孩換尿布，從不假手他人」、「假使有需要先生幫忙的地方，會請他幫忙拿著泡好的奶瓶，在一旁候著，等我抱小孩過來」。

3. 府：楊志良用「家暴」嘲諷攻擊他人 應向社會道歉（https://www.cna.com.tw/news/aipl/202308270200.aspx）

楊志良今天出席主流民意大聯盟新竹場造勢致詞時提及，

Chapter 11　電視新聞的性別議題觀察

「為什麼會家暴？是因為心情鬱卒，沒有辦法去修理蔡英文，沒有辦法去修理陳建仁，因為他們有保鑣，所以去修理更弱的另一半，打老婆、打小孩」。林聿禪晚間接受媒體訪問表示，家庭暴力等議題是受害民眾的傷痛，政府努力建構及強化社會安全網的設置，任何人對此都應嚴肅以對。

前兩則新聞都是民眾黨主席柯文哲的發言，撇除政黨藍綠白成分，回歸理性議題討論，所謂「不要跟女醫師孕婦一組、請產假值班都男醫生在值」以及養育小孩家庭分工的議題，都是非常典型的性別平等議題，凸顯的是在職場當中對女性尤其是孕婦的不友善，最特別的是，它是透過曾經為臺大醫生，同時也是現今總統候選人的柯文哲口中證實，更可以凸顯高社經地位的醫師，也一樣有牢不可破的職場性別歧視問題。

另外在家事分工上，男女角色的僵化偏執刻板印象也一樣根深柢固，尤其以柯文哲和妻子陳佩琪都是醫師的家庭組成，來研究性別在家庭中的家事分工一樣是個有趣議題，誠如陳佩琪自己所言，「我是兒科醫師，我喜歡小孩……夫妻互動我說了算，沒礙到別人……」的確！所謂性別平等的概念即是平等及尊重的概念，家事的分工應該立基於雙方的協調與認可，而非因為男性女性性別的僵化概念，所以到底柯文哲和陳佩琪的家事分工是因為男女性別問題，還是雙方尊重協議的結果，外人不得而知，但可以確定的是，在傳統異性戀組成的家庭當中，因為男主外女主內的概念導致家事分工以女性為主體，尤其出生嬰兒的照護也以女性為主的刻板狀況的確普遍存在，但諷刺的是現今家庭早已不是男主外女主內，而是雙薪家庭，但家事分工卻仍以此為出發概念！

第三則前衛生署長楊志良的新聞，同樣不論是否是藍綠選舉語

言，單就話語本身的意涵來探究，第一是「家暴」，再來是「修理」，最後是「打老婆，打小孩」！這些字眼似乎無法用任何其他理由來合理化，裏面蘊含的都是與性平概念大相逕庭的思想，甚或以性別概念合理化家庭暴力等議題，看了令人怵目驚心，因此媒體在報導這則新聞時，其實都將其他社會團體對其發言的不認同與撻伐一起平衡報導，例如加入總統府的譴責，甚或最後是楊志良前署長願意針對經歷過家暴的特定人道歉。

另外再從發言內容來探討，「為什麼會家暴？是因為心情鬱卒⋯⋯」所以因為心情鬱卒就家暴？這樣的連結透過公眾人物前官員的口中傳達，的確反映的也是背後的性平意識，在現今社會躺平族、路怒族越來越多的狀態下，倡議這樣的連結實為可怕！另外一句「修理更弱的另一半⋯⋯」更弱的不論是對男性或女性，都是極其危險的言論，再往下推進就不是男女雙方而是家庭中最弱勢的小孩，因此若因為選舉而出現這樣違反性平甚至人權的話語，實為臺灣選舉之悲哀！

五、檢視新聞畫面當中的性平元素

最後再來從新聞畫面檢視性平議題，新聞畫面是最容易不小心洩露出性別歧視甚或刻板性別印象的地方，如下：

1. 柯文哲後援會找「空姐應援團」穿窄裙熱舞 空服員工會轟性騷擾（https://udn.com/news/story/6656/7350751）

   桃園市空服員職業工會指出，國際各大航空公司開始致力性

Chapter 11　電視新聞的性別議題觀察

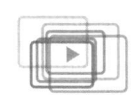

別平權，開放女性空服員可選擇穿著褲裝，二〇一三年南韓國家人權委員會更公開裁定，韓亞航空強制女性空服員只能穿著裙裝，是性別歧視，更直言將女性空服員外表當作商品和服務的一部分，就是性別歧視。

2. 風評：「厭女」柯文哲與空姐的裙子（https://www.storm.mg/article/4851227?page=1）

「空姐」身穿窄裙扭腰熱舞，其中有一段頗長的特寫是低視角聚焦一位舞者雙腿，而舞臺後方還有小孩盯著表演看。

這則新聞很清楚地在新聞內容上原本是單純的選舉新聞，但看完整則新聞的畫面，第一個反應應該是臉紅心跳吧！從攝影機的角度特寫的位置還有將空姐制服暴露化，都可以探究裏面物化女性的元素。

要討論這則新聞要從兩方面來看，首先是一般新聞媒體拍攝的新聞畫面，由於這是公開的造勢活動，因此以三立新聞為例（https://www.youtube.com/watch?v=yssLEuS6ocU），整則新聞並無特寫某些部位，也並無刻意以攝影機的角度來隱含強調部位，唯一要討論的便是所謂的空姐應援團，為何要以超短裙露肚裝來代表空姐，女性當然可以展露自身的美體身材，但應該屬於自願性，而非因為是空姐就被賦予性感短裙形象，這背後透露的便是刻板的女性職業歧視與性別僵化印象。

另一個要來探討的新聞面向是柯陣營自己的YT頻道上公布的這段造勢影片（https://www.youtube.com/watch?v=lC8qmdLmhpk），所運用的拍攝手法中間有很長一段是特寫右邊空姐的下半身，在鏡頭語言當中特寫鏡頭想傳達的是與觀看者的情感交流，另外更是強

迫觀眾觀看細節,而這樣的鏡頭語言是否隱藏著性別刻板印象以及物化女性的元素在內呢?值得省思。

六、新聞的性平議題觀察小結

　　同志婚姻專法二〇一九年五月十七日在立法院通過,同性婚姻者可共同收養子女法令也在二〇三年五月十九日立院三讀過關,這已經具體體現性平的重要人權精神,也是臺灣性平觀念跨出的一大步,當然性別平等不是只有同性婚姻這一小部分,更多的是對不同性別的尊重以及實質地位的提升,而在這樣社會觀念的前進滾動之下,媒體扮演的角色也相對重要,如何從自身做起,從電視鏡頭語言敘事方式來體現性平精神,另外在新聞報導中除了持平討論違背性平觀念的議題之外,更應該從記者自身的文本做起,避免刻板性別觀念的語言文字,甚或出現霸凌標題,另外身為社會公器的媒體更應該帶頭傳遞正確的性平觀念,以達到社會教育的功能。

Chapter 11　電視新聞的性別議題觀察

附件

廣電媒體製播涉及性別相關內容指導原則

（民國105年02月26日修正）
公（發）布日期：民國99年11月11日

　　傳播媒體因其無遠弗屆的影響力，成為形塑「社會性別」形象重要來源之一。但隨社會開放多元，帶動各國對性別不平等的社會現象作出反思，針對過去民眾普遍接受的性別角色偏見提出質疑與檢討。本會為尊重人權、促進廣播電視節目、廣告內容尊重性別、性傾向差異，消除歧視、偏見、刻板印象，並進而呈現性別多元角色形象、創造友善性別空間，特訂定本指導原則，提供廣電媒體製播性別相關議題內容之參考。廣電媒體於節目或廣告中對於性別相關議題內容之呈現，將納入本會評鑑及換照之參考。

一、不得違反相關法令

(一) 不得洩漏性騷擾、性侵害受害者之身分資訊。（《性騷擾防治法》第12條條及《性侵害犯罪防治法》第13條）

(二) 不得洩漏人口販運被害人之身分之資訊。（《人口販運防制法》第22條）

(三) 不得播出妨害兒少身心健康及公序良俗之內容。（《廣播電視法》第21條、《有線廣播電視法》第35條及《衛星廣播電視法》第27條）

(四) 不得對涉及裸露、性行為、色慾或具性意涵之電視節目內容未依規定為適當之節目分級標示。（《廣播電視法》第

26條1及《衛星廣播電視法》第28條）

(五)不得於標示為普遍級之電視戲劇節目中出現任何會加深暴力印象與衝擊之情節（例如家暴、霸凌弱小劇情視為自然情節而未予譴責，或刻意呈現掌摑婦女、兒童之暴戾畫面）（《電視節目分級處理辦法》附表二）

(六)不得播出猥褻、有傷害風化之化粧品廣告。（《化粧品衛生管理條例》第24條）

(七)不得播送或刊登跨國（境）婚姻媒合廣告。（《入出國及移民法》第58條）

(八)不得報導或記載遭受迫害（例如受到強迫、引誘、容留或媒介為猥褻行為或性交）之兒童或少年姓名或其他足以識別身分之資訊。（《兒童及少年福利與權益保障法》第69條）

(九)不得播送兒童或少年為性交或猥褻行為之內容，或播送足以引誘、媒介、暗示或其他促使人為性交易之訊息。（《兒童及少年性剝削防制條例》第38、40、50條）

(十)不得恣意猜測或影射性侵害、不雅照之受害人身分，使人名譽或權益受到損害（《廣播電視法》第22、23條及《衛星廣播電視法》第44、45條；《民法》第18條、《刑法》第309、310、313條）

二、避免不宜之呈現方式

(一)不宜刻意以畫面、語音或文字凸顯任一性別之性特徵。

(二)不宜以窺探、偷拍、嘲諷或誇大方式處理性別議題。

(三)以事實為基礎之內容（如新聞、時事報導）：

1.涉及性犯罪、性暴力或與性別相關之內容時，應謹慎處理

Chapter 11　電視新聞的性別議題觀察

　　　　畫面及聲音。

　　　2.不洩漏家暴受害者之姓名或其他足以識別身分之資訊。

三、避免造成偏見、歧視、物化、刻板印象或偏差性別觀念

　　(一)避免因性別、性傾向或性別刻板印象，而有歧視、偏見、貶低、揶揄之言論或行為。

　　(二)不宜渲染特定性別特徵之優勢、描述其為人生成功之有利條件、直接物化任一性別，或影射其與金錢利益之關聯。

　　(三)探討社會事件應基於事實避免汙名化或對當事人之性別、性傾向、性格等特質，或穿著、容貌等外在身體特徵作不當之連結。

　　(四)於兒童及少年慣常收看電視之時段，宜特別注意節目、廣告內容之情節，避免影響或誤導兒童、少年之性別觀念。

　　(五)不宜讓兒童、少年從事與其年齡不相當的性感演出或廣告。

四、以正面、積極、多元的方式呈現性別角色

　　(一)積極消除或導正傳統習俗中對性別之偏見、禁忌及刻板印象。

　　(二)尊重多元性傾向者及多元性別角色之呈現，並維護其表達自我權益。

　　(三)任何性別在多元社會各領域中，均應受到尊重，並肯定其對社會做之貢獻之能力。

　　(四)傳達性別平等意識與消除性別角色的刻板印象。

　　(五)給予關心性別平等議題之產、官、學界及民間組織充分發聲空間，包容多元的意見。

(六)培養兒童、少年尊重多元性別、性別特質或性傾向。

五、強化性別平權觀念並落實自律機制

(一)廣電業者應提供其員工性別平權及包容多元性別之相關教育訓練,並宜搭配具體案例分析比較,以強化從業人員之性別平權觀念。

(二)廣電業者應參考本原則,針對不同之節目類型及播出時段,於相關自律倫理規範中訂定具體落實之執行細節。

Chapter 12

時代所趨下的女力行銷與傳播

楊可凡

促進女性的經濟參與力量已是國際主流，聯合國在制定全球二〇三〇年的永續發展目標（SDGs）時，也將「實現性別平等，並賦權所有的女性與女童」納入十七項目標之一。隨著女力崛起，近年來可以看到愈來愈多女性在社會上嶄露頭角，彰顯性別平權的普世價值。

因應這股女力抬頭的趨勢，二〇二〇年《時代雜誌》與寶僑攜手合作，帶出了成功的議題行銷。他們從過去一世紀的年度封面人物（Person of the Year）中，挑選出一百位曾登上時代雜誌封面人物的女性，公布了震撼人心的專題："100 Women of the Year: The Leaders, Innovators, Activists, Entertainers, Athletes and Artists Who Defined a Century."（一百位年度女性：定義一個世紀的領導者、開創者、倡議者、企業家、運動員和藝術家），並邀請到來自各國的插畫家與藝術家，以當年度的風格設計出全新的封面。

對於本次的企劃，《時代雜誌》總編輯Nancy Gibbs表示，他們希望能藉由本次的機會探討「身為女性到底意味著些什麼？」（What does it mean to be a woman?）以及「社會為何認知不到這些女性們所做出的貢獻？」（How has society failed to acknowledge the contributions of women?）同時也提醒讀者：早在這次企劃或是任何風雲人物的頭銜出現之前，女性就已擁有改變世界的力量（https://everylittled.com/article/132900）。透過具有影響的媒體力量，展現對於女力的正面力量，也引起許多關注。

而在當年度，蘋果也發布女性版"Behind The Mac: International Women's Day"（敬Mac背後的妳）慶祝國際婦女節。

歌曲來自Beyoncé（碧昂絲）的"Flawless"，旁白文案出自尼日利亞女性主義作家Chimamanda Ngozi Adichie（奇瑪曼達・恩戈

Chapter 12　時代所趨下的女力行銷與傳播

圖一　一百位年度女性：定義一個世紀的領導者、開創者、倡議者、企業家、運動員和藝術家

資料來源：引自《時代雜誌》。

齊‧阿迪奇埃）的演講。整個廣告片以幻燈片圖片的形式展現了世界各地各行各業的偉大女性，從音樂家到攝影師、作家、設計師和活動家，再到公司執行長。蘋果的「Behind the Mac」（敬Mac背後的妳）系列廣告在二〇一八年首次推出以來，已經發布了多個版本，以女力為版本的致敬，也能感受出女力在國際間也成為重要勢力。中亞洲排名第一的商學院，中歐國際工商學院米其林領導力和人力資源管理教席教授李秀娟曾說：「當今全球成長最快、最猛的力量是什麼？不是中國、印度等新興經濟體，而是另一個群體——女性。」（https://www.businesstoday.com.tw/article/category/80394/post/202103120025/）

被巨星瑪丹娜轉分享後於社群上一夕爆紅的影片"Be a Lady, They Said"，由《慾望城市》飾演Miranda的Cynthia Nixon作為旁白，講述女性自小被灌輸的觀念和被社會所賦予的性別期待，內容

圖二　Behind The Mac: International Women's Day

Chapter 12　時代所趨下的女力行銷與傳播

出自Camille Rainville於二〇一七年寫的同名文章。「要做別人口中的女人，不能性感同時又要性感；不能聰明但同時又不可以蠢；不能太瘦或者太肥；要減肥但同時又要夠肥；要化妝又要素顏自然；不能老不能醜……」片中說出多社會規範，也引起很大的迴響。

而二〇二三年最夯的電影《Barbie芭比》更是女力爆發的作品。上映三周破全球票房十億美元的成績，讓葛莉塔潔薇成為影史上最賣座的女導演，也用一部電影讓全世界看懂女權，造成話題。其實，葛莉塔潔薇長期透過電影，展現女性議題。

二〇一七年，葛莉塔潔薇導演的第一部作品《淑女鳥》，她用小屁孩的青春期，讓大家開始重新思考過去的自己，那個既愚蠢卻又很值得心疼的自己。也讓大家知道，我們並不需要積極地去尋求他人的認同，並且開始學習接受家人沉重卻也溫暖的愛。

葛莉塔的第二部導演作品《她們》，則改編了經典文學《小婦

圖三　《淑女鳥》

人》，以馬區家四姊妹，濃縮進了新時代女性的身影。「女人有自主思考力，有靈魂，也有感情；女人有野心，有天賦，也有美貌。我厭倦聽到大家說，愛情就是女人的全部。」用「她們」為電影命名，也許是葛莉塔的小巧思，因為《她們》的精神，就是要向大家證明愛情不是女人的全部，所以這不再是一本關於成長的少女讀物，而是一個關於找回身為一個女性能自由選擇人生權力的宣言。

二○二三年推出的《Barbie芭比》，則是創造全球的話題。她用從芭比樂園走進父權社會的冒險過程，將充滿爭議的「女權&性平」用幽默、浮誇的方式完美呈現，也用"outside the box"一詞衝破了父權社會強加在男性女性身上的框架和規範。《Barbie芭比》的上映，讓本就是芭比粉的人，更沉醉於芭比的自信，也讓本來討厭芭比「假鬼假怪」的人們，重新審視對這位娃娃的看法，原來她不是一個只愛慕虛榮、虛張聲勢的「綠茶」，而是可以為自我價值而戰的勇士（https://www.elle.com/tw/entertainment/voice/g44659128/

圖四　《她們》

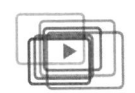

Chapter 12　時代所趨下的女力行銷與傳播

圖五　《Barbie芭比》

about-barbie-director-greta-gerwig/）。潔薇向來擅長解構女性議題，芭比從塑膠玩具變成具有自主意識的智慧女性，心領神會的女性觀眾相當有感。故事更引發女性共鳴，也掀起社會對於性別議題的探討。最重要的是，女孩們為了看這部電影，會揪閨蜜、找男友，精心打扮致敬芭比與肯尼，彷彿是進戲院開趴，而不只是看一部電影。

　　除了芭比熱潮外，女力行銷也展現在演唱會上。二〇二三年女性呼朋引伴，先後與家人或姊妹淘出動觀賞泰勒絲與碧昂絲演唱會。聯準會（Fed）七月褐皮書指出，泰勒絲演唱會提振了費城地區的旅館業。據門票經銷商Vivid Seats表示，參加泰勒絲「時代演唱會」和碧昂絲「文藝復興演唱會」的粉絲，逾八成一口氣購買兩張以上門票。銷售網站Fandango也說，《Barbie芭比》電影票訂單中，有27%一次訂購二張以上成人票。

　　環球音樂出版集團董事長兼執行長格森說，許多女性感到無能

為力之際，芭比、泰勒絲、碧昂絲以真實方式講述女性賦權，「這些堅強的女性不怕擁有主控權，我們對此做出回應，下意識地聚集在她們身邊，她們的力量讓我們更有力量。」芝加哥大學經濟系教授史隆說：「這些創作聚集人群，人們帶所有朋友上電影院，帶來行銷人員所期待的效果！」

臺灣近幾年對於女力的議題與行銷傳播，也是愈來愈蓬勃發展。

筆者從行銷及傳播觀點，分享近幾年優質的女力行銷案例做分享。首先是《美麗佳人雜誌》自二○一九年開始，連續多年辦理的「女力覺醒講座論壇」，邀請各領域女力代表，依據每年不同主題於活動現場分享自身故事與人生經驗，如何在各自領域中突破重

圖六　泰勒絲相關產品銷售

Chapter 12　時代所趨下的女力行銷與傳播

圍、勇敢發聲。筆者曾於二〇二〇年參與該論壇，當年度女力導師包括唯品風尚集團執行長周品均、知名演員&歌手徐若瑄、全方位主持人陶晶瑩、知名作家陳文茜。

圖七　二〇二〇年「女力覺醒講座論壇」

　　四位導師在各界都極具影響力的女性精神領袖，分享她們對生命「蛻變」的角色定義，鼓勵女性朋友無畏為自己做出改變與平衡取捨，不論何時何地都能做位change-maker，開創與突破自我設限，呼應當年的主題「#我變了那你呢」，同時在社群上引發影響力。

　　第一位講者是唯品風尚集團執行長周品均。有著「電商女王」封號的周品均，與前夫鄭景太二〇〇四年共同創立東京著衣，九年後童話破滅，周品均被踢出公司。不到三年時間，她又以自創品牌Wstyle東山再起。周品均經歷了無數次的失敗跟失去，並沒有被擊潰，而是在每一次中學習經驗，而且告訴自己一定要先冷靜下來面對事實。她的成功，是因為懂得把自己的生命經驗淬煉成品牌。

圖八　二〇二〇年「女力覺醒講座論壇」

　　第二位講者是鋼鐵V徐若瑄，出道三十年的徐若瑄，人生是一路苦過來，為了養家中斷學業，簽了不懂的合約，雖傷心痛苦還是負責任地完成合約的安排。為了減輕媽媽的負擔，怎樣都咬著牙撐過來，她沒有時間抱怨，一直想著如何能在被冷凍的期間，多給自己找拍戲的機會賺錢。她分享上表演課的好處，表演就像把很多人的人生走了一遍，可以經歷體會不同感受，但表演結束後要記得「關上抽屜」，說的是把角色放進去，把自己帶回來，才不會困在裏面而受傷。

　　第三位講者陶晶瑩，她談的是家庭。她自娛娛人地說剛結婚時，很多人岔賭她跟李李仁的婚姻能維持多久，也說朋友都不相信她能教小孩，雖然她輕鬆地談笑風生這一路走來，相信當年當時的

Chapter 12　時代所趨下的女力行銷與傳播

她，心底所擔憂跟承受的壓力不小，畢竟這社會對「男女地位」的看法依然存在。「Happy Woman Happy Life」陶子分享這段話，愛自己不是種口號，而是由心對自己好，找尋自己的力量，關係中可以依賴，但不是放棄自己所有能面對生活與壓力的能力。

最後的壓軸，也是最早女力代表陳文茜，她在論壇現場試圖打破性別、身分地位、階級、角色等等有太多的刻板框架，像誰規定登記結婚的人一定要相愛，因為不需要提供相愛的證據，所以也可以跟同性登記結婚，在生活相互扶持陪伴，依然可以各自尋求愛情。

這場售票講座也創下單場八百人座無虛席，觀察現場中年輕女性聽眾的比例不低，講師們言之有物，同時也是用生命故事澈底貫徹女力，所以在社群上也有很多的迴響，民眾可以從講師自身故事繼續延長對女力的瞭解。

像徐若瑄當時是熱門國片《孤味》的監製與演員，論壇時她以邊走邊唱《孤味》主題曲出場，並贈送電影票給在場聽眾，透過之後的觀賞，可以透過影像的方式再度看到女力展現。《孤味》裏展現臺灣女性樣貌，由四位主要角色的性格刻劃，展現堅毅女力與親情之絆。如同電影英文譯作《Little Big Women》，從字面上即可感受到別具情感意味的「女力感」：「我們雖然都很渺小，但內心卻無比強大。」

導演許承傑善用以影像說故事，帶著觀眾看見女性群體間的排斥、誤會、諒解，以及在生活幽微處由小見大的堅毅。一樣是四個女人，在臺灣傳統社會中，她們順應世俗期待，又努力活出自己的獨特樣態。女性的浪潮在《孤味》中反覆拍打，洗滌過後的靈魂，寧靜而安穩，縱使海面底下暗藏洶湧，但許承傑顯然給予這群女性

圖九　《孤味》

角色不明而喻的溫柔，是本片最令人動容的筆觸。

　　周品均除了透過自身企業成功展現女力外，也透過書籍《女人要堅強而不逞強》與YouTube頻道「葳老闆的辣雞湯」，長期引入女力的概念，鼓舞女性。YouTube頻道三年內粉絲人數突破五十萬，深具影響力。她認為深化父權的，常常是女性，所以從感情、婚姻、生活出發，打破女性思維的框架，後來亦加入職場思維，時常傳遞「女性一定要有經濟能力」的概念。

　　與周品均為摯友的KOL凱特王，也透過fb、ig等社群媒體，以及podcast，長期致力於女性自覺的議題。她的podacst頻道《凱特謎之音》，講述歷史上知名女性的故事，像是女性先鋒西蒙波娃、時尚教主香奈兒、文學家張愛玲、三毛……等，從她們故事中，帶入女性心事、愛情，以及女性的成長。除此之外，也會引入相關的女性議題，如：二〇二三年十二月十日（EP.126）「我要如何平衡事業與家庭呢？為什麼這個問題總是在問女人不是男人？」她請

Chapter 12　時代所趨下的女力行銷與傳播

圖十　成為進化版人類2.0（下）

大家思索，為什麼只有女人會被問如何平衡事業與家庭？並帶入二〇二三年諾貝爾經濟學得主克勞蒂亞・哥爾丁教授寫過一本書叫做《事業還是家庭？女性追求平等的百年旅程》，將二十世紀初至今受過大學教育的女性群體分成了五組，深入研究了她們在事業、婚姻、生育等方面的理想抱負與現實中遇到的各種阻礙，以及每一代女性面對問題的演變歷程。她也在節目中帶出案例與研究報告，回答這個多年來困擾女性的考古題，提供女性不一樣的角度去思考這個問題。

同時，她也開設線上課程《凱特王的獨立女性養成術》，探討四大觀念，包含獨立定義、獨立女性、女性主義和陰性特質，並導入兩性關係、性別歧視、性騷擾、家庭暴力等議題，希望每個女性都能獨立迎向更加美好的自己與人生。

在文壇上，長期傳達「愛自己，善待自己」概念的作家朵朵

圖十一　凱特謎之音

——彭樹君，則是柔性女力的代表。近幾年的著作《再愛的人也是別人》、《朵朵自在小語：開成自己喜愛的花》、《終於來到不必討人喜歡的時候》等，都在鼓勵女性真正的愛自己。

她近期也開設「朵朵寫作坊」，將心靈與人生以書寫串連。筆者曾多次參與課程，感受如何透過文字、書寫、討論會，凝聚女性意識及力量，女力也可以很文藝、很溫柔。

從上述國內外女力行銷例子，我們可以歸納出幾種行銷模式：

1. 影響力媒體議題行銷：像是《時代雜誌》的一百位年度女性封面企劃，以及《美麗佳人雜誌》連續多年的「女力覺醒講

Chapter 12 時代所趨下的女力行銷與傳播

圖十二　彭樹君

座論壇」，都能帶動社會議題，做後續有效的媒體曝光。蘋果也發布女性版 "Behind The Mac: International Women's Day"（敬Mac背後的妳）慶祝國際婦女節，也具有指標性意義。

2. 透過影片魅力傳播：包括 "Be a Lady, They Said"、女性版 "Behind The Mac"，以及葛莉塔潔薇導演連續多年拍攝女性覺醒相關議題。國內的女性影展也是長期耕耘於女性議題，帶動臺灣女力成長的重要媒介。

3. 意見領袖的溝通分享：泰勒絲、碧昂絲、周品均、凱特王、彭樹君，以及國內外許多的女力KOL，透過文字、podcast、YouTube、演唱會……等多重媒體，透過她們的生命故事，鼓舞女性自覺。

133

圖十三　朵朵一日寫作坊

Chapter 12　時代所趨下的女力行銷與傳播

參考網站

https://everylittled.com/article/132900

https://www.businesstoday.com.tw/article/category/80394/post/202103120025/

https://sdgs.udn.com/sdgs/story/12947/3759693

https://www.elle.com/tw/entertainment/voice/g44659128/about-barbie-director-greta-gerwig/

Chapter 13

補習班師生權勢性暴力

黃葳威

- 前言
- 性暴力特徵與樣態
- 權勢性暴力
- 臺灣法院補習班師生性暴力判決
- 結論與討論

一、前言

聯合國大會一九七九年通過《消除對婦女一切形式歧視公約》（The Convention on the Elimination of all Forms of Discrimination Against Women, CEDAW），一九八一年正式生效，內容闡明男女平等，享有一切經濟、社會、文化、公民和政治權利，締約國應採取立法及一切適當措施，消除對婦女之歧視，確保男女在教育、就業、保健、家庭、政治、法律、社會、經濟等各方面享有平等權利，被視為「婦女人權法典」。

一九八九年十一月二十日，聯合國大會通過專為兒童而設的國際公約《兒童權利公約》（Convention on the Rights of the Child, CRC），成為兒童權利發展史最重要的里程碑。聯合國《兒童權利公約》揭櫫維護兒少最佳利益。補習班、安親班為兒少學生學習生活的場所之一，如何維護兒少的人身安全與發展權，至為重要。

二〇一七年二月作家林奕含出版《房思琪的初戀樂園》長篇小說，四月二十七日在其住處輕生。隔日，出版《房思琪的初戀樂園》一書的游擊文化出版社受林奕含父母請託轉發聲明：林奕含選擇結束生命，是因為走不出被補習班老師性侵害的夢魘，書中的角色房思琪等人的故事都是林奕含中學在補習班的親身遭遇，她寫書的目的，是希望社會上不要再有第二個房思琪。

《性騷擾防治法》、《性別平等工作法》及《性別平等教育法》，被稱為維護性別平權的性平三法，陸續於二〇二三年八月十六日修正公布部分條文，自二〇二四年三月八日施行，公部門、

Chapter 13　補習班師生權勢性暴力

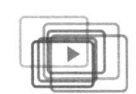

校園、職場等私部門也逐漸關注性平人權的維護。

監察院二○二四年下半年通過糾正案，針對臺北市政府教育局、新竹市政府教育處對轄內補習班多次違規卻怠於裁處，顯有行政疏失，並力促教育部檢討補習班的監管機制，加強督導地方政府落實執行查察，以維護學童人身安全及場所安全（邱璽臣，2024）。

教育部早在二○一四年公告《短期補習班設立及管理準則》，參考二○二一年《短期補習班設立及管理準則》修訂版第二條，準則所稱短期補習班（簡稱補習班），指於固定場址，對外招生達五人以上，並收取費用，辦理本法第三條所定短期補習教育之機構。

補習班為一商業型態的付費學習場域，擔任服務的補習班人員中傳授課程者或照顧者被稱統稱為教師，與《教師法》依法取得教師資格之專任教師有別，因而不適用《教師法》明文「保障教師工作及生活，提升教師專業地位，並維護學生學習權」等相關權利義務規定，補習班師生未必受到相關規範或保障。

補習班隨著服務對象不同，各有升學、深造、就業、安親、才藝、技術專業等定位，補習班招收的學生，可能來自社會職場，也可能來自學校校園；補習班的師資可能具備教育部認定的教師資格，也可能來自各行各業專業人士。當補習班師生產生性平糾紛，如何面對？法院如何判定補習班師生的性暴力事件？

二、性暴力特徵與樣態

根據世界衛生組織（World Health Organization, WHO）的定

義，性暴力（sexual violence）是指任何人在任何場合、無論與受害者的關係如何，透過脅迫手段進行的性行為、試圖獲得性行為，或其他針對他人進行性行為的行動，包括強暴，即用陰莖、其他身體部位或物體強行或以其他方式強制插入陰道或肛門等性器官。由此可見，性暴力有以下特徵：

1. 施暴者以滿足個人性慾為主。
2. 施暴者未必結識受害者。
3. 施暴者不顧他人意願進行。
4. 性暴力可能透過性器官或身體部位、甚至物件進行。
5. 性暴力係以上述手段強行侵入受害者的性器官。

檢視相關文獻可以歸納性暴力的各式樣態。其中加拿大魁北克國家公共衛生研究所（Institut national de santé publique du Québec）將性暴力的型態，依據施暴者與受害者的關係進行劃分。

(一)關係與性暴力

根據受害者與施暴者關係（victim-perpetrator relationship）區分的性暴力有：

◆家內性暴力（intrafamilial sexual violence）

特別關注未成年兒少，當加害者是直系親屬或大家庭成員（如受害者的父親或母親、父親或母親的配偶、兄弟姊妹、祖父母、叔叔、阿姨，或堂兄、表哥）。

Chapter 13　補習班師生權勢性暴力

◆家外性暴力（interfamilial sexual violence）

當施暴者不是受害者的直系親屬或大家庭成員時，使用「家外性暴力」一詞；包括受害者所認識的人（例如熟人、朋友、老師、保母、鄰居、體育教練）所施行的暴力，以及陌生人所施行的性暴力。

◆親密關係中的性暴力

性暴力可能發生在各年齡層的伴侶之間的親密關係中，為配偶暴力的一種犯罪形式，親密關係中的性侵犯以及配偶之間所有形式的性侵犯，都屬於可起訴的犯罪行為。因此，施暴者和受害者可能係具婚姻關係或事實上的結合狀態，或約會伴侶。

◆治療背景（a therapeutic context）或幫助關係（in a helping relationship）性暴力

性暴力可能發生在治療背景脈絡，或發生於專業人員與服務對象間的幫助關係。在這種情況下實施的性暴力也可能被稱為不當性行為（sexual misconduct）。

(二)施暴行為與性暴力

根據施暴行為的性質區分的性暴力樣態，計有：性侵犯與插入、試圖插入性侵犯、性接觸，以及無接觸式性侵犯（表一）。

性暴力除了臺灣法律規範的性侵害、性猥褻、性騷擾、性剝削外，還包含職業關係或軍中的性侵犯、強制生育。

表一　性侵犯類型

性侵犯類型	描述	表現形式
性侵犯與插入	以身體的一部分（陰莖、手指、舌頭）或物體插入外陰部或肛門的行為。用陰莖插入口腔的行為。插入性交時取出保險套。	口腔、生殖器接觸。以身體的一部分或物體進行口腔、陰道或肛門。
試圖插入性侵犯	嘗試但未完成的插入式性侵犯/通常會發生性接觸。	性接觸的目的是為了插入。
性接觸	直接或隔著受害者衣服進行的故意性接觸。	性接吻/性接觸/生殖器（陰莖或外陰）、肛門、腹股溝、乳房、大腿或臀部。觸磨症。
無接觸式性侵犯	與性有關的不與身體接觸的性侵犯。	未經同意發布或傳播親密影像。強迫接觸性行為（色情或實際性行為）。暴露或露出生殖器。煽動兒少觸摸自己的身體或自慰。拍攝兒少性私密影像。

資料來源：作者翻譯自加拿大魁北克國家公共衛生研究所官網。

◆職業關係或軍中的性侵犯

　　不當性行為（sexual misconduct）用於指在職業關係和軍事工作場所中具有性性質的評論和行為。

　　然而，媒體報導中使用「不當性行為」一詞須留意，例如，在該術語沒有法律定義或框架的情況下發生的性暴力行為（即在以下情況下）：專業關係和軍事工作場所。「不當性行為」一詞往往會淡化所實施的性言語或行為的嚴重性，並排除其暴力性質。

　　加拿大魁北克省針對職業關係的性侵犯，以「不當性行為」說明是指在職專業人士與其客戶之間的關係中可能發生的性行為。根據《魁北克職業守則》（Quebec Professional Code），類似性行為構成貶損行為。不當性行為定義為針對有職業關係的人員（例如客

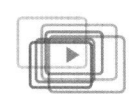

Chapter 13　補習班師生權勢性暴力

戶、未成年人的父母）或在職業關係中存在合作的人員，無論是否有接觸，都具有性性質的言語或手勢。考慮到請求服務的人和專業人員之間存在固有的權力不平衡和濫用風險，所有親密關係，即使是那些看似平等和互惠的關係，在職業關係採取的某些性行為也可能觸犯加拿大《刑法》規定的性犯罪。

根據二〇二〇年生效的國防行政命令和指令（DAOD 9005-1），在加拿大的軍事工作場所，不當性行為被定義為「導致或可能對他人造成傷害的性行為」。工作相關的職能和其他活動以及存在工作關係的任何地點或環境，包括指導或培訓活動、社交活動或旅行。性不當行為包括性侵犯，性騷擾，基於性別、性取向或性別認同或表達而貶低他人的行為，性笑話，性評論，性挑釁，未經同意發布親密圖像。

加拿大二〇一五年採取了一項文化變革戰略，該問題尤其影響到婦女和女同性戀、男同性戀、雙性戀或跨性別者。二〇二一年，在加拿大武裝部隊內部出現新的不當性行為指控後，下議院婦女地位常設委員會開展了一項關於不當性行為的新研究。本報告向加拿大政府提出建議，以幫助消除加拿大武裝部隊中的不當性行為並加速文化變革。

◆強制生育

生殖脅迫通常發生在親密或浪漫的伴侶間，是指為了干擾或指導另一方有關避孕藥具使用和生殖健康的決策，而實施的控制或強迫行為（如在性交時取下保險套）、與懷孕有關的壓力（例如，迫使伴侶不要採取避孕措施）以及懷孕期間的脅迫（例如，強迫伴侶懷孕至足月）。

◆跟蹤暴力

　　針對個人或團體的行為過程,會導致被跟蹤者感到害怕(跟蹤、發送Facebook、簡訊、打電話、被跟蹤者不想要的信件、禮物等)。

◆權勢暴力和不當性行為(power-based violelnce and sexual misconduct)

　　美國以權勢暴力和性行為不當,描述校園教職員生之間的性侵害事件。權勢暴力涵蓋了所謂「性騷擾」定義的性別／基於性的不當行為。權勢暴力被定義為任何形式的人際暴力,旨在透過對他人行使權力來掌控或恐嚇他人。美國格蘭布林州立大學便將權勢暴力和不當性行為明訂於校規,揭示在於建立一個促進及時通報權勢暴力和不當性行為的安全生活空間,及時、公平地解決危機並創造安全的學習、工作和生活環境。

　　臺灣在民間團體的推動下,相關《性別平等教育法》、《性別平等工作法》、《兒童及少年性剝削防制條例》、《兒童及少年福利與權益保障法》等修法,的確表達國家對於性別平權的重視。然而對於介於學生與校園外補習班的師生互動的權勢性暴力,以及軍隊職場與社區民眾的軍民性暴力事件,仍待持續改善。

三、權勢性暴力

　　以權勢性暴力為例,自二〇二三年#MeToo運動、黃子佼創意

Chapter 13　補習班師生權勢性暴力

私房事件,臺灣對於職場、校園相關平權逐漸受到關注,陸續也出現相關性別平權的影片、繪本、電影、戲劇節目或教材,展現民主社會性平觀念的重要價值。呼應《房思琪的初戀樂園》作家林亦含與中學補習班國文教師陳國星事件,雖然當時受害人林亦含已經離世,陳國星被不起訴,但見諸《兒童及少年性剝削防制條例》修法後,陳國星身為補教界名師,與未成年女學生的不倫關係,有相當討論空間。

教育部《國語辭典簡編本》將「權勢」解釋為:權力威勢。直觀來看,權代表能力、權力;勢則象徵關係、影響力。權勢性暴力意味著:

1. 互動:施暴者與受害者存在控制與被控制的型態,施暴者所掌控的資源未必限於分數、評比,還包含施暴者可以掌握受害者相關的個人資訊。
2. 關係:受害者對於施暴者抱持信任或沒有戒心。施暴者因為職業角色的表現,對於潛在受害者代表學習或工作場域的專業性。
3. 私欲:施暴者惡意運用其掌握的受害者資訊,滿足私欲。施暴者在職業角色可掌握受害人客觀與個人化資訊,遂行一己私欲。

《房思琪的初戀樂園》掀起補習班師生的關係是否健康,攸關權勢性暴力及補習班教師職業關係性暴力的密室空間。究竟補習班師生涉及性暴力的糾紛,對簿公堂的案例有哪些,值得維護性別下權後續努力。

四、臺灣法院補習班師生性暴力判決

(一)補習班師生性暴力判決

　　以關鍵字補習班師生、性侵害、性猥褻、性騷擾、性剝削查詢法院判決書，分別取得二〇一一年至二〇二四年間的法律判決書，包括：性侵害案件有十七件，性猥褻案件有兩件，性騷擾案件有三件，性剝削案件有七件數，其中五件重複，合計二十四件。相關法院判決書涉及的法律有：《刑法》妨害性自主、違反《兒童及少年性剝削防制條例》、《性騷擾防治法》、《刑法》妨害秩序、《刑法》強制性交罪、《兒童及少年福利與權益保障法》、《刑事訴訟法》，以及《個人資料保護法》等。

　　補習班師生性暴力判決以妨害性自主案件最多（十八件），其次是兒少性剝削（六件）、性騷擾（兩件）。有多件同時觸犯多項法律，如同時觸犯《刑法》、《性騷擾防治法》、《兒童及少年福利與權益保障法》、《個人資料保護法》。

　　法院涉及補習班師生性暴力的訴訟，包含語言補習班、美術補習班、課後安親班、電腦補習班、才藝班等。發生性暴力事件的地點往往在補習班教室、廁所、茶水間、辦公室或由施暴者誘導至家中、甚至運用通訊軟體進行。施暴者可能是補習班老師、工讀的輔導老師，或接送往返者。這些老師、輔導、接送者倚仗其角色，獲取受害人的信賴，遂行其欲。

Chapter 13　補習班師生權勢性暴力

表二　二十一件補習班師生性騷擾、性剝削、性猥褻、性侵害訴訟案涉及法律

妨害性自主	18
《兒童及少年性剝削防制條例》	6
性騷擾防治	2
妨害秩序	1
強制性交罪	1
《兒童及少年福利與權益保障法》	1
《刑事訴訟法》	1
《個人資料保護法》	1

註：包括同時觸犯兩項法律。

　　施暴者與受害者的性別，包括師生各為異性、同性，還有假冒同志身分，迷藥性侵害女學生之惡行。施暴者雖為年滿十八歲以上的教師、輔導身分，也有輔導在十八歲以下，對補習班學生施暴。

　　自二〇一一年至二〇二四年間，補習班師生被法院審理的性侵害判決訴訟有十七件，以《刑法》妨害性自主最高（十三件），其次為《性騷擾防治法》（兩件）、《刑法》妨害秩序（兩件），再者涉及《兒童及少年性剝削防制條例》（一件）。

表三　十七件補習班師生性侵害訴訟案涉及觸法類別

妨害性自主	13
妨害秩序	2
《性騷擾防治法》	2
《兒童及少年性剝削防制條例》	(1)

(二)補習班師生性侵害案件

根據衛生福利部（保護服務司／心理健康司）界定：性侵害不是性，是暴力，是粗暴的侵害，是未經允許的性行為。任何沒有經過當事人同意，以強暴、脅迫、恐嚇、催眠術或其他違反當事人意願的方法而發生性行為者，都算是性侵害。只要不是願意讓他人碰觸或觸摸身體的任何部位，且碰觸程度達猥褻之行為者，也算性侵害。

臺灣高等法院111年度侵上訴字第188號刑事判決，補習班黃教師明知A女未滿十四歲，且係因教育關係而受其監督、照護之人，竟基於利用權勢、機會及對未滿十四歲之女子為猥褻行為之犯意，利用期中考前周末加強指導A女課業之機會，於A女持考試卷前往補習班辦公室，於教導過程中將手自A女上衣下擺伸入撫摸受害者上半身，進行猥褻行為。

法院依據《刑法》第228條第1項之利用權勢性交罪，係因加害之行為人與被害人間具有親屬、監護、教養、教育、訓練、救濟、醫療、公務、業務或其他類似之關係，而利用此權勢或機會，進行性交，被害人雖同意該行為，無非礙於上揭某程度之服從關係而屈從，性自主意思決定仍受一定程度之壓抑，故獨立列為另一性侵害犯罪類型，如係利用權勢、機會對於未滿十四歲之人為之，則依吸收理論，觸犯《刑法》第227條第1項之對於未滿十四歲之女子為性交罪（最高法院107年度臺上字第1447號判決意旨參照），第227條第2項之對於未滿十四歲女子為猥褻行為罪。

臺灣臺中地方法院101年度侵訴字第155號刑事判決，補習班數

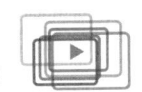

學老師課堂宣稱感應到鬼神，先後誘拐多位國中、高中女學生，以點穴可能可以瘦臉、長高、緩和經痛，點胸部可能可以豐胸等語，誘拐至住處進行性猥褻、性侵害等性暴力及詐財罪行。

法院依據《刑法》第221條第1項所謂以違反男女意願之方法而性交，不以行為人施以強制力壓抑被害人之抗拒為必要；舉凡強暴、脅迫、恐嚇、催眠術以外，其他一切違反被害人意願之方法，足以妨害被害人之意思自由決定，壓抑被害人之性自主決定權者（最高法院100年度臺上字第3455號判決參照）。

補習班老師或以協助解惑、排除困難、開導學業、健康、外貌等藉口，誤用學生對其專業的尊重或信賴，施行性暴力行徑。發生場所未必局限於補習班空間，也可能誘拐至教師住處等。

(三)補習班師生性猥褻案件

依據《刑法》第224條：強制猥褻罪之「猥褻」，行為人出於猥褻之犯意，所為行為在客觀上須足以引起他人性欲，在主觀上須足以滿足自己情欲，而侵害他人之性自主決定之權利，並未設限於猥褻之身體部位為何。

二〇二一年至二〇二二年間，補習班師生涉及性猥褻事件有兩件，均觸犯《刑法》妨害性自主。

表四　兩件補習班師生性猥褻訴訟案涉及觸法類別

妨害性自主	2

臺灣宜蘭地方法院110年度侵訴字第30號刑事判決，施暴者係補習班輔導老師，明知Ａ男為未滿十四歲之國小高年級男童，且係因教育關係而受其監督、照護之人，對於具有彰顯性別特徵之身體隱私部位及性意識、性觀念，及如何保護身體隱私部位尚懵懂無知，以每周三次的犯罪頻率，於補習班一樓櫃臺、茶水間、改作業處，將手伸入受害者褲子內撫摸其生殖器，其中有一次在茶水間，施暴者以個人生殖器摩擦受害者臀部等，進行猥褻行為共一百九十五次，受害者於國小六年級畢業即將進入國中就讀時，向父母表達更換補習班，始未再遭猥褻。至受害者就讀高中，於作業披露上述情事，經學校老師批改作業發現而進行通報。

　　法院判決補習班輔導老師觸犯《刑法》第224-1條、第222條第1項第2款之對於未滿十四之男子為強制猥褻行為罪嫌，並參照《兒童及少年福利與權益保障法》第112條第1項前段有關對兒童及少年犯罪，加重其刑。

　　臺灣士林地方法院100年度侵訴字第14號刑事判決，某文理補習班數學老師，趁補習班自習時間，對未滿十四歲之國小六年級學童，假藉指導其數學功課時靠近學童，接續二次違反學童意願欲親吻，因學童即時以手遮擋拒絕而未得逞；同日下午又趁學童用完點心後至補習班廁所旁洗碗時，強行違反學童之意願，以徒手伸入學童衣服內，隔著緊身衣撫摸學童胸部，並詢問「舒服嗎？」等語，甲○因年幼驚嚇而不知如何反應下回稱還好等語。

　　全案經臺北市政府社會局告發後，由臺灣士林地方法院檢察署檢察官偵查起訴，施暴的補習班數學老師觸犯《刑法》第224條（強制猥褻罪），對於男女以強暴、脅迫、恐嚇、催眠術或其他違反其意願之方法，而為猥褻之行為者。

Chapter 13　補習班師生權勢性暴力

　　臺灣桃園地方法院110年度侵訴字第6號刑事判決，施暴者為某美術補習班教師，趁受害者國小生A女在補習班廁所內洗畫具，向A女表示其褲子上沾到黃色之顏料，以替A女清洗油墨為由，將A女之內褲、外褲褪去後，以手撫摸A女下半身，A女因年幼而不知如何反應，穿上內褲、外褲後走出廁所門外後，被告又自A女背後將手伸入A女衣服內，摸A女之胸部，而對A女為猥褻行為一次得逞。因認被告涉犯《刑法》第227條第2項之對未滿十四歲之女子為猥褻行為罪嫌。被告因妨害性自主案件，經檢察官提起公訴（108年度偵字第18789號）。

　　臺灣彰化地方法院110年度侵訴字第7號刑事判決，權勢性暴力亦發生於美術補習班師生間，兩名未成年學生指控美術班老師涉及性猥褻。此訴訟案件連同前桃園地院刑事判決，均引用《刑事訴訟法》第161條第1項，明文檢察官就被告犯罪事實，應負舉證責任，並指出證明之方法，因此檢察官對於起訴之犯罪事實，應負提出證據及說服之實質舉證責任。倘其所提出之證據，不足為被告有罪之積極證明，或其指出證明之方法，無從說服法院以形成被告有罪之心證，基於無罪推定之原則，自應為被告無罪判決之諭知（最高法院92年臺上字第128號判例參照）。

　　以上兩起美術班師生性暴力事件，如果在二○二三年#MeToo運動、黃子佼創意私房事件發生後審理，是否會有不同判斷方式？類似才藝補習班師生近距離地指導互動，及所涉及的權勢暴力，值得省思。

(四)補習班師生性騷擾案件

《性騷擾防治法》第2條：

性騷擾，係指性侵害犯罪以外，對他人實施違反其意願而與性或性別有關之行為，且有下列情形之一者：
一、以該他人順服或拒絕該行為，作為其獲得、喪失或減損與工作、教育、訓練、服務、計畫、活動有關權益之條件。
二、以展示或播送文字、圖畫、聲音、影像或其他物品之方式，或以歧視、侮辱之言行，或以他法，而有損害他人人格尊嚴，或造成使人心生畏怖、感受敵意或冒犯之情境，或不當影響其工作、教育、訓練、服務、計畫、活動或正常生活之進行。

二○一一年至二○二四年間，補習班師生被法院審理的性騷擾判決訴訟有三件，以觸犯《性騷擾防治法》（兩件）為主，其次為《刑法》妨害性自主（一件）。

表五　三件補習班師生訴訟案涉及觸法類別

性騷擾防治	2
妨害性自主	1

高雄高等行政法院地方庭113年度地訴字第22號判決，國小女童長期由補習班老師接送上下課，雖施暴者與受害人及另名學童一起在補習班，施暴者會以澆水掃地為由支開另名學童，趁機在與女童獨處時施行性騷擾行為。補習班老師對國小女童具有特別權勢，女

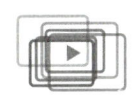

Chapter 13　補習班師生權勢性暴力

童年齡智識應不足反抗，亦擔心遭受異樣眼光或被家人責罵等因素而隱忍，因5333號偵案告訴人告知甲女其有遭到原告性騷擾，女童才提出申訴。法院判決性騷擾行為成立，符合《性騷擾防治法》第2條，性騷擾成立，並進行裁處罰鍰。

遭受性騷擾的受害學生，往往隱忍不敢聲張，這意味著家長對於子女在補習班的學習生活，也應留意子女的身心狀態變化，即時遏止或防範於未然。

(五)補習班師生性剝削案件

《兒童及少年性剝削防制條例》第2條：

兒童或少年性剝削，指下列行為之一者：

一、使兒童或少年為有對價之性交或猥褻行為。

二、利用兒童或少年為性交或猥褻之行為，以供人觀覽。

三、拍攝、製造、散布、播送、交付、公然陳列或販賣兒童或少年之性影像、與性相關而客觀上足以引起性欲或羞恥之圖畫、語音或其他物品。

四、使兒童或少年坐檯陪酒或涉及色情之伴遊、伴唱、伴舞或其他類似行為。

二〇一一年至二〇二四年間，補習班師生涉及性剝削的案件達七件，為近六年出現幅度最高。軍人被法院審理的違反《兒童及少年性剝削防制條例》有五件，其次為妨害性自主兩件，再者涉及《刑事訴訟法》、《個人資料保護法》各有一件。

表六　七件補習班師生性剝削訴訟案涉及觸法類別

《兒童及少年性剝削防制條例》	5
妨害性自主	2
《刑事訴訟法》	(1)
《個人資料保護法》	(1)

臺灣臺中地方法院113年度侵訴字第22號刑事判決，施暴者為某補習班數學老師，於學期間某日深夜十時二十三分許，為引誘使少年自行拍攝性影像之犯意，藉故檢查中學女學生脊椎有無側彎，引誘女學生以手機自行拍攝裸露胸部之性影像，再由受害者透過通訊軟體Line傳送施暴者觀覽。

法院判決施暴者違反《兒童及少年性剝削防制條例》第36條第2項：招募、引誘、容留、媒介、協助或以他法，使兒童或少年被拍攝、自行拍攝、製造性影像、與性相關而客觀上足以引起性慾或羞恥之圖畫、語音或其他物品，處三年以上十年以下有期徒刑，得併科新臺幣三百萬元以下罰金。

並觸犯《刑法》第221條：對於男女以強暴、脅迫、恐嚇、催眠術或其他違反其意願之方法而為性交者，處三年以上十年以下有期徒刑。

臺灣高等法院111年度上訴字第723號刑事判決，施暴者為補習班老師，利用個人職務之便，輸入帳號密碼登入該補習班之網際網路雲端空間，非法蒐集閱覽儲存於雲端空間之該補習班學生之姓名、電話、年籍、就讀學校年級與班級等個人資料之權限，假冒女網友與補習班學員網路交友，透過通訊軟體誘導補習班學生視訊傳遞學生自慰行為，並錄製存留。

法院認定施暴者觸犯《個人資料保護法》第19條第1項且犯第41

Chapter 13 補習班師生權勢性暴力

條第1項意圖損害他人利益而蒐集個人資料、《兒童及少年性剝削防制條例》第36條第3項以脅迫使少年製造猥褻行為之電子訊號、以違反本人意願之方法使少年被拍攝猥褻行為之電子訊號、《兒童及少年福利與權益保障法》第112條第1項前段、《刑法》第315條之1第2款成年人故意對少年無故竊錄他人非公開活動及身體隱私部位等罪,且屬一行為同時觸犯前揭數罪,為想像競合犯,依《刑法》第55條前段規定,從一重之以違反本人意願方法使少年被拍攝猥褻行為之電子訊號罪裁處。

補習班師生經由通訊軟體討論交流,成為無法避免的溝通管道,電腦中介傳播的溝通分際與相關法規,需要補習班管理方加強補習班人員的專業規範,觸犯法規的施暴者也不應再由其他補教業者轉聘。

伍、結論與討論

性暴力被視為暴力侵害性別平權的行為表現。任何人都可能遭受性暴力,無論性別或性取向如何。根據加拿大《2022-2027年打擊性暴力、家庭暴力和重建信任綜合政府戰略》(綜合暴力戰略)(*Integrated Government Strategy to Countcract Sexual Violence, Domestic Violence and to Rebuild Trust 2022-2027*)(*Integrated Violence Strategy*),針對性別平等,特別是女性的暴力行為是一個連續體(continuum),源自於歷史上男女之間不平等的權力關係。基於性別的暴力是一種控制和支配性別的機制,損害人與生俱來的基本人權。

教育部擬定的《短期補習班設立及管理準則》分為九章四十一條：第一章總則，第二章名稱、類科、課程及修業期間，第三章設立、立案、變更及停辦，第四章設備及管理，第五章負責人及教職員工，第六章收費、退費方式及基準，第七章班級人數及學生權益保障，第八章檢查、輔導、評鑑及獎勵，以及第九章附則。

　　《短期補習班設立及管理準則》第九章第35條：補習班有下列情形之一者，直轄市、縣（市）主管教育行政機關得視其情節輕重，依本法第25條規定，分別為糾正、限期整頓改善或停止招生之處分。

　　涉及法院判決補習班師生性暴力的規範，可參照第7項公共安全或衛生設備不合規定、第8項學生人數超過規定容量、第14項違反《個人資料保護法》相關規定，致教職員工、學生相關個人資料被竊取、竄改、毀損、滅失或洩漏而生損害等；諸如空間規範影響人際距離，公共設施是否安全、學生個資安全等。

　　然而，由於受害者的心理因素，相關興訟的開始未必及時，訴訟時間需要相當時日，《短期補習班設立及管理準則》相關規範，形同虛設，如何落實管理準則的實質效益，有效提升補習班的營運品質，亟須關注。

　　其次，《消費者保護法》開宗明義：保護消費者權益，促進國民消費生活安全，提昇國民消費生活品質。檢視行政院消費者保護會《短期補習班補習服務契約書範本》，相關內容以學費、時間等規定為主，對於補習班師生的權利義務，付之闕如。因應性平三法的修法，補習班師生權益的維護，尤待納入契約，以便依循。

Chapter 13　補習班師生權勢性暴力

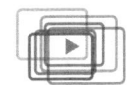

參考書目

邱璽臣（2024/9/4）。「臺北、新竹市補習班違規頻發還有性暴力　監察院糾正」，《匯流新聞網》，https://tw.news.yahoo.com/%E5%8F%B0%E5%8C%97-%E6%96%B0%E7%AB%B9%E5%B8%82%E8%A3%9C%E7%BF%92%E7%8F%AD%E9%81%95%E8%A6%8F%E9%A0%BB%E7%99%BC%E9%82%84%E6%9C%89%E6%80%A7%E6%9-A%B4%E5%8A%9B-%E7%9B%A3%E5%AF%9F%E9%99%A2%E7%B3%BE%E6%AD%A3-032738378.html

高雄高等行政法院地方庭113年度地訴第22號判決

《兒童權利公約》

《消費者保護法》

《消除對婦女一切形式歧視公約》

《教師法》

《短期補習班設立及管理準則》

《短期補習班補習服務契約書範本》

最高法院111年度臺上字第768號刑事判決

最高法院111年度臺上字第3872號刑事判決

臺中高等行政法院地方庭113年度簡字第32判決

臺灣士林地方法院100年度訴字第14號刑事判決

臺灣宜蘭地方法院110年度侵訴字第30號刑事判決

臺灣桃園地方法院110年度字第222號刑事判決

臺灣高等法院111年度侵上訴字第92號刑事判決

臺灣高等法院111年度侵上訴字第188號刑事判決

臺灣高等法院111年度侵上訴字第221號刑事判決

臺灣高等法院111年度上訴字第723號刑事判決

臺灣高等法院高雄分院110年度侵上訴字第26號刑事判決

臺灣高等法院臺中分院110年度侵上訴字第127號刑事判決

臺灣高等法院臺中分院102年度侵上訴字第157號刑事判決

臺灣新北地方法院110年度 侵訴字第89號刑事判決

臺灣新北地方法院100年度侵訴字第169號刑事判決

臺灣臺中地方法院113年度侵訴字第22號刑事判決

臺灣臺中地方法院101年度侵訴字第155號刑事判決

臺灣臺北地方法院112年度易字第813號刑事判決

臺灣臺南地方法院102年度侵訴字第54號刑事判決

臺灣橋頭地方法院112年度侵簡字第1號刑事判決

Florida State University, "What is Power Based Personal Violence", 2024/12/21 retrieved from https://knowmore.fsu.edu/know-more-initiative/what-is-power-based-personal-violence

Institut national de santé publique du Québec. "Forms of Sexual Violence", 2024/12/21 retrieved from https://www.inspq.qc.ca/en/sexual-violence/understanding/forms

World Health Organization, "sexual violence", 2024/12/21 retrieved from https://apps.who.int/violence-info/sexual-violence/